Das Elsaß, Land zwischen Rhein und Vogesen, ist Grenzland und damit Paradiesapfel und Zankapfel zugleich. Es ist eingebettet zwischen zwei nationalen Sprachen und Kulturen. Die Menschen, die hier leben, heißen Müller oder Meyer, Dupont oder Durrive. Von ihnen und dem Leben im »Land Dazwischen« erzählen zahlreiche Autoren vom Mittelalter bis in die Neuzeit, darunter Yvan Goll, Tomi Ungerer, Jean/Hans Arp, René Schickele und Jean-Paul Sartre. Darüber hinaus laden die Herausgeber am Schluß des Bandes zu drei Wanderungen durch die Vogesen ein, beschreiben sehenswerte Stationen der Romanischen Straße und der Elsässischen Weinstraße und nennen hilfreiche Adressen für den Elsaßreisenden.

insel taschenbuch 2746

Das Elsaß

Kaysersberg: Blick auf die Altstadt

Das Elsaß

Ein literarischer Reisebegleiter

Herausgegeben von Emma Guntz
und André Weckmann
Mit farbigen Fotografien
von Pieter Jos van Limbergen

Insel Verlag

insel taschenbuch 2746
Originalausgabe
Erste Auflage 2001

Textnachweise am Schluß des Bandes
Vertrieb durch den Suhrkamp Taschenbuch Verlag
Umschlag: Elke Dörr
Satz: Hümmer GmbH, Waldbüttelbrunn
Druck: Konkordia, Bühl
Printed in Germany

1 2 3 4 5 6 – 06 05 04 03 02 01

Inhalt

Elsässer sein – Wie es war... wie es ist

Unsere Sprache, unsere Sprachen

Von drei Kriegen

Und laßt uns von der Liebe reden …

Trinken und Essen halten Leib und Seele zusammen

Aus dem Reigen der Jahreszeiten: Weihnachten

Anhang

Für die Freunde des »Lands Dazwischen«
und vor allem für Elisabeth Borchers

Die Deutschen: Hier spricht ja kein Mensch mehr Deutsch!

Die Franzosen: Die sprechen ja noch alle Deutsch!

Der Deutsche vom Elsässer: Man hört's ihnen an, daß sie Franzosen sind: sie haben einen französischen Akzent.

Der Franzose vom Elsässer: Man hört's ihnen an, daß sie immer noch keine richtigen Franzosen sind: sie haben einen deutschen Akzent.

Einen Akzent haben wir in jeder Sprache. Sogar auf alemannisch: da ist er fränkisch. Der Akzent befreit uns von euch und auch von uns selber. Deshalb passen wir in keine Schublade. Freuen wir uns also an diesem Zustand ... Solange er hält.

André Weckmann

Vorbemerkungen

Elsaß: Land zwischen Rhein und Vogesen. Brückenkopf, Grenzland, »LAND DAZWISCHEN«. Paradiesapfel und Zankapfel. »Quel beau jardin«, welch schöner Garten...

Elsaß/Alsace: Eingebettet zwischen zwei nationalen Sprachen und Kulturen, der französischen und der deutschen, der deutschen und der französischen. Zur Mittlerrolle geradezu prädestiniert. Doch die Umstände...

Elsaß/Alsace: Man heißt hier Müller oder Meyer, Dupont oder Durrive, Haddouf oder Locatelli oder... Seit jeher kommen Menschen aus allen Himmelsrichtungen, sehen das Land und lassen sich nieder. Sie leben nebeneinander, miteinander, sie mischen sich und werden so zu Elsässern, zu ALSACIENS.

Von ihnen soll in diesem Buch die Rede sein. Von dem, was sie selbst über ihr Leben zu berichten haben. Über ihren Umgang mit den im Elsaß/Alsace heimischen Sprachen.

Von drei Kriegen wird berichtet werden, den unseligen Feindbildern, den aufeinanderfolgenden Entwelschungs- und Entgermanisierungswellen. Mit einem lachenden und einem weinenden Auge...

Trinken und Essen, vor allem das Trinken wird nicht vergessen werden. Und laßt uns von der Liebe reden und im Reigen der Jahreszeiten das liebste elsässische Fest feiern.

Viele haben über das Elsaß geschrieben, seine Landschaft, seine Menschen. Berühmte und weniger berühmte Leute, Schriftsteller, Reisende von jenseits der Vogesen, von jenseits des Rheins haben Kritisches und Lobendes, Satirisches zu Papier gebracht. Von ihrer Warte aus.

In diesem Buch sollen zum ersten Mal fast ausschließlich »ELSÄSSER« zu Wort kommen. »Elsässer« – ein weit gefaßter Begriff. Es genügt, sich dort niederzulassen, sich für Land und Leute zu interessieren, sich betroffen zu fühlen, seine Sprachen zu erlernen...

Dieses Buch ist für ein deutschsprachiges Publikum bestimmt. Viele zeitgenössische Schriftsteller des Elsaß bedienen sich seit 1945 des Französischen und sind nur in Ausnahmefällen ins Deutsche übersetzt. Die hier vertretenen deutschsprachigen – im heutigen Elsaß geschriebenen – Texte legen hiermit Zeugnis ab für das vorläufige Überleben einer deutschsprachigen Literatur im Elsaß. Eine wichtige Komponente dieser deutschsprachigen Literatur – insbesondere im Bereich der Satire und der Lyrik – ist im heimischen Dialekt, dem »Elsässerditsch« geschrieben. Einige Lyrikbeispiele (mit hochdeutschen Lesehilfen) vervollständigen diesen literarischen Streifzug und zeigen eine Dialektdichtung, die abseits von jedem Modetrend und literarischen Ticks zeitgenössische Themen mit dem offenen Bekenntnis zum Primat des Poetischen verbindet.

Emma Guntz

Kurze Einführung in die elsässische kulturpolitische Situation

Die Elsässer sind eine eigenartige Minderheit. Sie waren – bis vor gar nicht so langer Zeit – mehrheitlich »Deutschsprachige«, die seit dem 17. Jahrhundert zu Frankreich gehören. Sie sind Franzosen mit einem gewichtigen deutschen Kulturerbe. Um diese durch die politische Geschichte bedingte Dualität meistern zu können, mußten und müssen sie versuchen, in und mit zwei Sprachen und Kulturen zu leben und sich darin zu entfalten.

Der Anspruch auf eine spezifisch elsässische Kultur traf

schon immer bei den jeweiligen politischen Machthabern auf Ablehnung. Die elsässische Forderung nach einer kulturellen Tridimensionalität und damit auf eine Mittlerstellung scheiterte an dem kulturellen und sprachlichen Machtanspruch der Staatsmächte, die sich das Elsaß im geopolitischen Wechselbad der Geschichte einverleibten.

Dieses Dominationsproblem beherrscht die elsässische kulturelle und literarische Szene, seit das Elsaß im siebzehnten Jahrhundert aus seiner früheren politischen deutschen Welt gerissen und der französischen politischen Welt eingegliedert wurde.

Sowohl die französische Monarchie als das deutsche Kaiserreich, die dritte französische Republik, das Hitlerregime und nach dem Zweiten Weltkrieg die vierte und die fünfte französische Republik beanspruchten für ihre jeweilige Nationalsprache die Monopolstellung als Sprache der politischen Macht und Kultur.

Es steht außer Frage, daß die seit 1870 rasch aufeinanderfolgenden Entfranzösisierungs- und Entgermanisierungswellen der elsässischen Zweisprachigkeit, ja der Sprachbeherrschung schlechthin, unendlich geschadet haben.

Abgesehen von dem Naziintermezzo (1940-1945) ist die Nationalsprache im Elsaß die französische Sprache. Das heißt: Französisch ist Schulsprache, Karrieresprache, Verwaltungssprache und für die große Mehrheit der Elsässer auch tagtägliche Umgangssprache.

Die französische Sprache wurde zum Modell, zum Symbol der sprachlichen Norm. Dem Dialektsprecher wurde Inkompetenz suggeriert, was bei vielen Intellektuellen die Flucht in die französische Einsprachigkeit bewirkte und bei anderen einen Minderwertigkeitskomplex gegenüber ihrer eigenen Sprachhaltung auslöste. Alle diese Faktoren bewirkten eine Marginalisierung der deutschen Sprache im Elsaß.

Hochdeutsch wurde und wird im Elsaß so gut wie nie *gesprochen*. Die deutsche Umgangssprache im Elsaß, die seit 1945 in bestürzender Weise zurückging, ist der fränkisch-alemannische Dialekt. Der Dialekt besitzt im Elsaß einen anderen Stellenwert als im deutschsprachigen Raum. Er ist die Basis der elsässischen Zweisprachigkeit, er steht der französischen Hochsprache gegenüber und gewährleistet die Bewahrung der deutschen Kulturkomponente im Elsaß, die Öffnung auf den deutschsprachigen, europäischen Raum.

Dialekt und Schriftsprache können nur zusammen überleben. Der von der Schriftsprache abgeschnittene Dialekt verarmt, und die Schriftsprache findet ohne die Umgangssprache keinen Rückhalt, kein Publikum.

Seit gut zwei Generationen ist der Reflex zur französischen Einsprachigkeit in Fleisch und Blut übergegangen, und Deutsch zu lesen oder zu schreiben ist für die seit 1945 Geborenen eine fremdsprachliche Übung, im besten Fall ein Bildungsmuß, aber kein kulturelles Bedürfnis. Der zweisprachige Leser oder gar der zweisprachige Schriftsteller sind im Elsaß eine Ausnahmeerscheinung geworden. Doch es gibt sie. Noch …

Mehr als 90 Prozent des elsässischen Schrifttums erscheint heute in Französisch. Die wenigsten Veröffentlichungen dringen über die Region hinaus. Für Paris ist das französischsprachige Elsaß fast so sehr Sibirien, wie die deutschsprachigen Schriftsteller im Elsaß für die bundesdeutsche Literaturszene eine Art Kuriosum darstellen. Sowohl für Frankreich wie für Deutschland scheint das Elsaß jeweils eine Art literarischer Peripherie zu sein, regionale Literatur unklaren Charakters, deren Beharren auf eine eigene Existenz man nur selten begreift.

Emma Guntz

Sagte der Franz Ose
zur Elsa Sserin:
komm doch mit mir
'inter die Büsche

sagte die Elsa Sserin
zum Franz Ose:
was soll ich mit dir
'inter die Büsche

sagte der Franz Ose
zur Elsa Sserin:
da wirst du gucken
'inter die Büsche

sagte die Elsa Sserin
zum Franz Ose:
das hat mir der Preuß auch gesagt
hinter die Büsche
und geguckt hab ich minsechs
aber gespürt hab i nix
hinter die Büsche

sagten der Franz Ose
und der Preuß
im Chor:
frigides Weib
du

André Weckmann

Ribeauvillé, Route du Vin, Ruine St. Ulrich und Ruine Girsberg

Elsässer sein –
wie es war … wie es ist

Jean-Paul Sartre
Die elsässischen Verwandten

Es gab auch richtig böse Leute: die Preußen, die uns Elsaß-Lothringen und all unsere Uhren gestohlen hatten, mit Ausnahme der Stutzuhr aus schwarzem Marmor auf dem Kamin meines Großvaters, die ihm ausgerechnet von einer Gruppe seiner deutschen Schüler geschenkt worden war; man fragt sich wirklich, wo sie sie gestohlen haben. Man kaufte mir die Bücher von Hansi und zeigte mir die Bilder darin; ich empfinde keinerlei Antipathie gegen diese dicken Männer aus rosa Zuckerguß, die so stark an meine elsässischen Onkel erinnern. Mein Großvater, der sich im Jahre 1871 für Frankreich entschieden hatte, reist von Zeit zu Zeit nach Günsbach oder Pfaffenhofen, um seine dort gebliebenen Verwandten zu besuchen. Man nimmt mich mit. Wenn ein deutscher Schaffner ihn im Zug nach den Fahrkarten fragt, wenn ein Kellner im Café nicht schnell genug die Bestellung aufnimmt, schwillt Charles Schweitzer rot an vor patriotischem Zorn. Die beiden Frauen umklammern seine Arme: »Charles, sei doch vorsichtig. Sie werden uns ausweisen, und du hast gar nichts damit erreicht!« Mein Großvater redet noch lauter. »Das möchte ich sehen, ob sie mich ausweisen, ich bin hier zu Haus!« Man schiebt mich zu ihm hin, zwischen seine Knie, ich schaue ihn bittend an, er beruhigt sich. »Ich tue es nur für den Kleinen«, seufzt er und tätschelt mir den Kopf mit seinen dürren Fingern. Diese Szenen nehmen mich gegen ihn ein, ohne daß ich mich deshalb über die Okkupanten entrüste. Übrigens verfehlt Charles nicht, sich in Günsbach über seine Schwägerin aufzuregen; mehrmals pro Woche wirft er seine Serviette auf den Tisch und verläßt türenknallend das Eßzimmer; dabei ist sie gar keine Deutsche. Nach dem Essen stöhnen und schluchzen wir zu seinen Füßen, er setzt uns eine eherne Stirn entgegen. Man muß dem Urteil meiner Großmutter zustimmen, die erklärt: »Das Elsaß bekommt ihm nicht; er sollte nicht so oft dahin zurückkehren.«

Übrigens mag ich die Elsässer nicht besonders gern, denn sie behandeln mich ohne Ehrfurcht, und ich bin nicht ärgerlich darüber, daß man sie uns weggenommen hat.

Albert Schweitzer
Aus meiner Kindheit und Jugendzeit

Ich wurde am 14. Januar 1875 in dem Städtchen Kaysersberg im Oberelsaß geboren, in dem Häuschen mit dem Türmchen links am oberen Ausgang des Ortes. Mein Vater bewohnte es als Pfarrverweser und als Lehrer der kleinen evangelischen Gemeinde des zum größten Teile katholischen Ortes. Seitdem das Elsaß französisch geworden ist, ist die kleine Pfarrei eingegangen. In dem Häuschen mit dem Türmchen ist nun die Gendarmerie untergebracht. Ich folgte als das zweite Kind auf eine um ein Jahr ältere Schwester.

Nach diesem Kaysersberg ist der berühmte mittelalterliche Prediger Geiler von Kaysersberg (1445-1510), der am Straßburger Münster predigte, benannt. In Schaffhausen in der Schweiz geboren, wuchs er nach dem Tode seines Vaters in Kaysersberg bei seinem Großvater auf. Das Jahr 1875 war ein ausgezeichnetes Weinjahr. Als Knabe habe ich mir sehr viel darauf eingebildet, in der Stadt Geilers von Kaysersberg und in einem berühmten Weinjahr geboren zu sein.

Ein halbes Jahr nach meiner Geburt siedelte mein Vater als Pfarrer nach Günsbach im Münstertal über. Meine Mutter war eine Münstertälerin. Sie war die Tochter des Pfarrers Schillinger zu Mühlbach, hinten im Tal.

Als wir nach Günsbach kamen, war ich ein sehr schwächliches Kind. Bei der Installation meines Vaters hatte mich meine Mutter, so schön sie es nur konnte, in einem weißen Kleidchen mit farbigen Bändern herausgeputzt. Aber keine der zur Feier gekommenen Pfarrfrauen der Umgebung wagte ihr ein Kompliment über das magere Kindchen mit dem gelben Gesichtchen zu machen. Alle ergingen sie sich in verlegenen Redensarten. Da konnte sich meine Mutter – sie hat es mir oft erzählt – nicht mehr beherrschen. Sie flüchtete mit mir in das Schlafzimmer und weinte heiße Tränen über mir.

Einmal hielt man mich gar für tot.

Ich war nicht händelsüchtig. Aber ich liebte in freundschaftlichem Raufen meine Körperkräfte mit andern zu messen. Eines Tages, auf dem Nachhausewege von der Schule, rang ich mit Georg Nitschelm – er ruht nun schon unter der Erde –, der größer war und für stärker galt als ich, und bezwang ihn. Als er unter mir lag, stieß er hervor: »Ja, wenn ich alle Woche zweimal Fleischsuppe zu essen bekäme wie du, da wäre ich auch so stark wie du!« Erschrocken über dieses Ende des Spiels wankte ich nach Hause. Georg Nitschelm hatte mit böser Deutlichkeit ausgesprochen, was ich bei anderen Gelegenheiten schon zu fühlen bekommen hatte. Die Dorfknaben ließen mich nicht ganz als einen der ihrigen gelten. Ich war für sie der, der es besser hatte als sie, das Pfarrerssöhnle, das Herrenbüble. Ich litt darunter, denn ich wollte nichts anderes sein und es nicht besser haben als sie. Die Fleischsuppe wurde mir zum Ekel. Sowie sie auf dem Tisch dampfte, hörte ich Georg Nitschelms Stimme.

Nun wachte ich ängstlich darüber, mich in nichts von den andern zu unterscheiden. Auf den Winter hatte ich einen Mantel bekommen, aus einem alten meines Vaters gemacht. Aber kein Dorfknabe trug einen Mantel. Als der Schneider mir ihn anprobierte und gar noch sagte: »Potz Tausend, Albert, jetzt bist du bald ein Monsieur!« verbiß ich mit Mühe die Tränen. Am Tage aber, wo ich ihn zum erstenmal anziehen sollte – es war an einem Sonntagmorgen zur Kirche –, weigerte ich mich. Es gab einen üblen Auftritt. Mein Vater verabreichte mir eine Ohrfeige. Es half nichts. Man mußte mich ohne Mantel zur Kirche mitnehmen.

Jedesmal nun, wenn ich den Mantel anziehen sollte, gab es dieselbe Geschichte. Was habe ich wegen dieses Kleidungsstückes Schläge bekommen! Aber ich blieb standhaft.

In demselben Winter nahm mich meine Mutter mit nach Straßburg, einen alten Verwandten zu besuchen. Bei dieser Gelegenheit wollte sie mir eine Kappe kaufen. In einem schönen Laden probierte man mir etliche auf. Zuletzt einigten sich meine Mutter und die Verkäuferin auf eine schöne Matrosenmütze, die ich gleich aufbehalten sollte. Aber sie hatten die Rechnung ohne den Wirt gemacht. Die Mütze war für mich unannehmbar, denn kein Dorfknabe trug eine Matrosenmütze. Als man in mich drang, diese Mütze oder ein anderes von den aufprobierten Dingern zu nehmen, führte ich mich so auf, daß der ganze Laden zusammenlief. »Ja, was willst du denn für eine Kappe, du dummer Bub?« fuhr mich die Verkäuferin an. »Ich will keine von euren neumodischen, ich will eine, wie sie die Dorfknaben tragen.« Also sandte man ein Ladenfräulein aus, die mir dann aus den Ladenhütern eine braune Kappe brachte, die man über die Ohren herunterklappen konnte. Freudestrahlend setzte ich sie auf, während meine arme Mutter ein paar schöne Bemerkungen und höhnische Blicke für ihren Tölpel einheimste…

Jean/Hans Arp
Ich bin in Straßburg geboren

ich bin in der natur geboren. ich bin in straßburg geboren. ich bin in einer wolke geboren. ich bin in einer pumpe geboren. ich bin in einem rock geboren.

ich habe vier naturen. ich habe zwei dinge. ich habe fünf sinne. sinn ist ein unding. natur ist unsinn. platz da für die natur da. die natur ist ein weißer adler. platz dada für die natur dada.

ich modelliere mir ein buch mit fünf knöpfen. die kunsthauerei ist der schwarze blödsinn.

dada ist in zürich geboren. zieht man straßburg von zürich ab so bleibt 1916.

die nymphe obliegt dem leben.

der general hat einen wesentlichen platz in der natur.

die pyramidenpumpe hat vier knöpfe zwei löcher. die pyramidenpumpe pumpt schwarze vögel in die natur. ich pumpe natur. du pumpst kunst.

straßburg liegt in einer wolke.

fünf besen liegen. vier besen sitzen. zwei besen stehen.

weißt du die natur ist ein knopf. weißt du die natur ist ein schwarzes loch. weißt du die kunst ist ein schwarzes loch. in jedem loch ist eine wolke. modelliere mir ein loch in einem loch und in diesem loch zwei löcher und in jedem dieser zwei löcher vier löcher und in jedem dieser vier löcher fünf löcher.

die wolkenpumpe pumpt unter freuden die wolken aus den röcken. die wolkenpumpe pumpt gegen den kunstrock der nymphe.

ich bin in straßburg geboren.

ich habe fünf gedichtbücher herausgegeben. die titel dieser bücher sind der vogel selbdritt – die wolkenpumpe – der pyramidenrock – weißt du schwarzt du – vier knöpfe zwei löcher vier besen.

1916 habe ich in zürich unter freuden dada geboren. dada ist für den unsinn das bedeutet nicht blödsinn. dada ist unsinnig wie die natur und das leben. dada ist für die natur und gegen die kunst. dada will wie die natur jedem ding seinen wesentlichen platz geben.

außerdem obliege ich teils sitzend teils stehend der bildhauerei. niemand kann mir nachweisen daß ich je eine nymphe einen general oder einen adler modelliert habe.

weißt du niemand kann mir nachweisen daß ich nicht ein adler bin, der adler obliegt dem leben. weißt du der adler hat fünf leben und vier naturen. weißt du der adler hat außerdem einen titel. schwarzt du der general hat fünf titel fünf knöpfe an seinen zwei sinnen und vier löcher in seinen freuden. die natur aber und ich sind gegen die freuden und geborenen dinge. die natur obliegt dem leben ob sie liegt sitzt steht.

die schwarze wolke im weißen rock gebiert unter freuden ein vogelding.

Maxime Alexandre
1914

Ich bin im Elsaß geboren, unter dem Regiment Wilhelms II., des Königs von Preußen und deutschen Kaisers, in Wolfisheim, einem Dorf nahe bei Straßburg. Mit fünfzehn Jahren, am 31. Juli 1914, wurde ich des Weges verwiesen, den ich normalerweise hätte gehen müssen; sozusagen aus der Bahn geworfen, verlor ich nicht nur meine Kindheit, das Elternhaus und seine bergende Wärme, sondern sah mich auch, vom nämlichen Tage an, genötigt, die Sprache zu verlernen, in der ich gerade begonnen hatte, Gefühle festzuhalten, nachzudenken, die Welt zu erkennen und zu träumen. Mein Vater – er war ständig in Alarmbereitschaft, soweit ich zurückdenken kann – sorgte sofort dafür, daß meine Mutter und ich nach Zürich fuhren; er kam am nächsten Tag, am 1. August 1914, nach. Wie die meisten elsässischen Juden hatte er immer, wenn auch eher maliziös als boshaft, allem, was deutsch war, seine Verachtung gezeigt und es in aller Offenheit schlechtgemacht. Obwohl ihn die Dreyfus-Affäre aufgewühlt hatte, blieb er bei der Vorstellung, daß die Franzosen weniger schlimme Antisemiten seien als die Deutschen. Übrigens stand der Name des Abbé Grégoire, des Anwalts der Juden während der Französischen Revolution, in goldenen Lettern auf den Mauern der Synagoge von Wolfisheim, die mein Vater mitbegründet hatte. Vergessen wir auch nicht, daß Frankreich für ihn, den 1857 Geborenen, das Glück der Kindheit symbolisierte, und daß die Schwierigkeiten in seinem Leben mit der Annektierung von Elsaß-Lothringen ihren Anfang nahmen.

Es versteht sich von selbst, daß mir die Bedeutung dieser Abreise, die meine Existenz von Grund auf veränderte, entging. Ich war selig, daß ich mich von der Schule befreit fand, wo ich todunglücklich gewesen war, und daß man mir wie auf einem Tablett jene Reisen, Entdeckungen und Abenteuer darbot, die ich mir immer dringlicher wünschte, so daß ich nahe daran gewesen war, es dem Verlorenen Sohn nachzutun.

Wer war ich, als ich Straßburg verließ, wo wir die letzten drei Jahre gewohnt hatten? Als den einzigen Sohn einer wohlsituierten, geachteten und achtbaren bürgerlichen Familie hatte man mich für das Studium der Medizin ausersehen, es sei denn, man schickte mich nach New York, damit ich mich darauf vorbereitete, die Nachfolge von drei Onkeln anzutreten, die dort ihr Glück gemacht hatten. Einer von ihnen hatte ein Kind, eine Tochter, die ich, nach einstimmigem Beschluß und um die Dinge zu vereinfachen, eines Tages heiraten würde.

Im Oktober gelang es meiner Mutter, uns davon zu überzeugen, daß es kein Risiko bedeuten würde, wenn wir nach Straßburg zurückkehrten. Mein Vater begleitete uns dorthin, wenn auch nur zögernd, reiste jedoch wenige Wochen später wieder ab und ließ sich in Montreux nieder. Ich muß einen Augenblick dabei verweilen, wie meine Mutter und ich uns allein im Kriegsdeutschland wiederfanden, und zwar eines bestimmten Vorfalls wegen. Er hat, so glaube ich, dazu beigetragen, daß sich ein verzärtelter junger Bourgeois in einen Aufrührer verwandelte, der freilich heute noch, tief in seinem Innern, darauf wartet, daß eine gute Fee erscheinen und auf seine Wehwehchen blasen werde, um sie auf wundersame Weise zu heilen.

Die Eigentümerin unserer Wohnung, halb Schweizerin, halb Deutsche, lebte mit uns im selben Haus. Sie stank dermaßen, daß ich die Flucht ergriff, wenn sie zu uns zum Tratschen kam. Meine Mutter wollte nichts davon hören, wenn ich sie dezent darauf hinwies, daß sie sich ja ebenfalls die Nase zuhielt, um diese Besuche ertragen zu können. Das Gegacker der beiden Damen beschränkte sich keineswegs aufs Wetter, und so fühlte sich meine Mutter eines Tages verpflichtet, dieser Megäre von Freundin den baldigen Zusammenbruch des Germanischen Kaiserreiches anzukündigen. Die Folge ließ nicht auf sich warten: Im Dezember wurde meine Mutter dem sogenannten *Kriegsrat*, einem Militärgericht, vorgeführt und angeklagt, antideutsche Gefühle geäußert zu haben. Ein einziger Zeuge wurde gehört: die Frau Wohnungseigentümerin. Ich wohnte der Verhandlung bei. Meine Mutter leugnete nicht und wurde zu zwei Monaten Gefängnis verurteilt. Ende Januar wurde sie aufgefordert, sich im Gefängnis einzufinden, einem düsteren Gebäude an den Ufern der Ill. Ich begleitete sie dorthin. Der Gefängnisdirektor, ich glaube, er war Elsässer, hielt nichts von Gefühlsduselei, wie es sich gehört. Als er sah, daß ich keine Eile hatte, meine Mutter zu verlassen, fragte er mich, ob ich Lust hätte, dazubleiben. »Ja, warum nicht?«, antwortete ich, was er offensichtlich übel aufnahm. Einige Tage später hatte er sich beruhigt und erlaubte mir, meine Mutter von Zeit zu Zeit zu besuchen. Ich durfte ihr Bettwäsche und Decken schicken und sogar die Mahlzeiten von draußen bringen lassen. Das Herz krampfte sich mir zusammen, als ich sie zum ersten Mal in den groben grauen Gefängniskleidern das Besucherzimmer betreten sah.

Um ihr zu ersparen, daß sie nach der Entlassung aus dem Haus am Ufer der Ill jener Dame mit den Wohlgerüchen Arabiens wieder begegnete, war ich nach Wolfisheim gezogen, wo ich meinen Garten wiederfand mit seinem Wasserlauf und seinen Fischen, seinen Bäumen, Blumen und Träumen. Dabei fällt mir ein: Kürzlich erst sagte mir eine Frau, die ich liebe und bewundere, die Witwe eines großen Schriftstellers, wie sehr sie sich wundere über meine

Sehnsucht nach der verlorenen Kindheit. Sieh mal an! Ich hatte mir diese Frage nie gestellt, so natürlich fand ich das. Ja, warum eigentlich, warum halte ich so beharrlich an ihr fest? Die *Arrivierten*, denen zu begegnen ich nicht vermeiden kann, haben solche Schwächen nicht. Aber, mein Gott, worin sind sie denn arriviert? Kann man behaupten, man sei arriviert, bevor man tot ist? Wenn ich das sage, schleiche ich wie die Katze um den heißen Brei herum, versuche ich, meine Lebensangst zu verbergen. Es stimmt, ich habe Angst vor dem Leben, wie ich Angst vor dem Tode habe. Aber ich weigere mich, mich von diesem Gefühl abbringen zu lassen (das nur scheinbar widersprüchlich ist); denn ich finde, es gereicht dem Menschen zur Ehre, ein solches Gefühl zu haben.

Elly Heuss-Knapp
Im Schatten des Münsterzipfels

Mein Geburtshaus am Sandplätzchen in Straßburg lag wirklich im Schatten des Münsterzipfels, wie man dort zu sagen pflegt. Schon in dieser Redewendung steckt etwas vom elsässischen Charakter. Gerade wo man Ehrfurcht empfindet, macht man schnell eine halbironische Geste, man verkleinert ein wenig vor lauter Angst, zu dick aufzutragen, zu »blaguieren«. Das Münster bedeutet für jeden Straßburger etwas Ähnliches wie für den Schweizer die Alpen. Es ist die Heimat schlechthin. Man spricht aber nicht vom ragenden Turm, das würde als affektiert empfunden. Dafür sagt man eben das halbdrollige Wort vom Münsterzipfel. Dem Münster gegenüber liegt das alte Rohansche Schloß, die Rückseite des schönen Barockbaus geht auf die Ill hinaus mit einer Terrasse, auf der früher die Lustbarkeiten und Feste stattfanden, etwa als Maria Leszczynska einzog und Ludwig XV. gefeiert wurde. Eine meiner elsässischen Freundinnen hat ein schönes französisches Gedicht geschrieben, das so anfängt und schließt:

Sur cette place où tes pas ont sonné, Roi Soleil,
… Le printemps a mis tant de grâce fragile
Que c'est lui seul que je loue.

Den Platz, wo deine Schritte klangen, Sonnenkönig,
… Der Frühling schmückt ihn mit so zartem Reiz,
Daß ich nur ihn allein noch loben mag.

Dieser Platz ist der Rahmen meiner frühesten Erinnerungen. Wir ahnten nichts von seiner Schönheit, wir sahen nur einen sandigen Spielplatz, wo es von schmutzigen Kindern wimmelte. Sie wohnten in der Altstadt um das Münster herum oder in den engen Seitengassen des gegenüberliegenden Schiffleutstaden. Die den Fluß begrenzenden Straßen sind deutsch-mittelalterlich, bis heute unversehrt, und gemahnen an Nürnberg, Ulm oder Würzburg. Aber das Sandplätzchen diesseits der Ill, das nur aus einem halben Dutzend Häusern besteht, hat ganz französischen Charakter und könnte ebensogut in Paris liegen. Dieses Ineinander ist eben Straßburg, die wunderschöne Stadt. Unverwischbar steht die Geschichte, die wechselvolle, tragische, in ihr Angesicht geschrieben.

Von frühester Kindheit an wußte ich, daß es etwas anderes ist, in Straßburg zu leben als in Darmstadt oder Braunschweig, oder auch als in Basel, den Städten, wo unsere Verwandten wohnten. Bei den Spielen auf der Schloßterrasse begriff ich es zuerst. Die Straßenjugend, die sich dort laut und fröhlich tummelte, sprach zwar Deutsch, aber doch

Straßburger Münster, Westportal, Tympanon (13. Jh.):
Heilsgeschichte

eine andere Sprache, den elsässischen Dialekt. Ich habe ihn leider erst viel später gelernt. Dann erst war ich ganz heimisch in der Stadt, und wie lieb wurden mir nun die Straßburger Kinder, Kneckes nennt man sie! Aber als wir selbst klein waren, redeten wir nur mit einigen altdeutschen Nachbarskindern, die andern waren eine Welt für sich, interessant, aber unzugänglich. Einmal hörte ich sie einen Spruch rufen, rhythmisch geschrieen, witzig und frech, bei dem es in der Hauptsache um Tritte ging, die man dem andern von der Rückseite her androhte. Ich war vier Jahre alt, als mir dieser Vers die Augen darüber öffnete, daß es nicht nur behütete Kinderstuben gäbe. Abends lag ich im Bett und dachte mir ganz klar aus, wie es sein müsse, als Kind armer Leute in den engen Gassen aufzuwachsen, wenn meine Mutter etwa auf den Waschpritschen vor unserm Fenster auf den Knieen liegend die Wäsche fremder Leute im Flußwasser bürsten und spülen müßte... Es war die erste Reflexion in meinem Leben und von nachhaltigem Einfluß. Die Spannung wurde gelöst durch den Gedanken: die kommen auch in den Himmel, und in einer frühen Sorge um die Wohnungsnot in der Ewigkeit lief ich am andern Tag allein auf die Straße bis in die Kalbsgasse hinein und fragte einen Schutzmann, wieviel Zimmer es im Himmel gäbe. Dort fand mich mein Vater und führte mich wieder heim ...

Die unteren Kreise der Straßburger Bevölkerung waren ganz primitiv im Wissen, die ältere Generation hatte noch keine deutsche Volksschule besucht. Ich habe einmal wochenlang für einen Analphabeten eine Stelle gesucht. Aber sie besaßen Mutterwitz, kochten vorzüglich – Männer und Frauen – und hatten viel Sinn für einen heiteren Lebensgenuß. Die Tochter dieser Pförtnerin sah aus wie eine elegante Dame, besonders wenn sie ausging. Solche Nuancen des sozialen Lebens fielen mir auf, lange bevor ich in die Schule kam. Das elsässische Volk war in gewissem Sinne stehengeblieben in der kulturellen Entwicklung des siebzehnten Jahrhunderts. Die zweihundert Jahre französischer Herrschaft hatten wohl die Oberschicht stark verändert, aber die kleinen Leute blieben, was sie waren. Schiller sagt es einmal so: »Die fremden Eroberer kommen und gehen. Wir gehorchen, aber wir bleiben stehen.«

Bis ich fast fünf Jahre alt war, wuchs ich so im Schatten des Münsterzipfels auf. Man kannte das Münster, wie man den Mond und die Sonne kennt. Aber ich hatte es noch nie betreten, denn innen gehörte es den Katholiken, von außen aber uns allen.

Otto Flake
Etwas über mich

So ephemer, so fern und versunken wie etwa die Fürstentümer Moldau und Walachei erscheinen mir heute die rund fünfzig Jahre, in denen das Elsaß dem Verband des Deutschen Reiches angehörte.

Nach 1870 wanderten die sogenannten Altdeutschen ein – Beamte, Geschäftsleute, Militärs – und erwarteten, daß die Einheimischen das Problem wie sie ansahen: daß gar kein Problem vorliege, vielmehr ein deutscher Stamm zum Reich zurückgekehrt sei. Aber das war ein Argument, das den Elsässern von 1680 oder 1700 etwas gesagt hätte – ihren Nachkommen von 1880 oder 1900 bedeutete es nur Theorie; zweihundert Jahre lang hatte dieses Volk nicht mehr die deutschen Geschicke geteilt. Und so gab es eine elsässische Frage, so ungern auch die Deutschen es hörten.

Als das Elsaß dem Reich im siebzehnten Jahrhundert verlorengegangen war, hatte es noch kein Preußen gegeben, und wenn die Bayern, Schwaben, Franken über das Gefühl, vom Norden ihrer Eigengeschichtlichkeit beraubt worden zu sein, hinwegkamen, die Elsässer vermochten und wollten es nicht. Man hatte sie nicht »heimgeholt«, sondern ohne Befragung einverleibt.

Als ich, 1900, nach dem Abitur, die Stadt meiner Jugend, Colmar, mit Straßburg vertauschte, waren mir diese Zusammenhänge noch nicht bewußt, aber durch Anschauung, durch Kenntnis der Dinge und der Menschen, vertraut. Die Bewußtheit, der Blick und damit der Trieb, darzulegen, daß es tatsächlich eine elsässische Frage gab, stellten sich rasch ein, sobald ich auf Kameraden traf, auf andere junge Menschen, die in denselben Verhältnissen aufgewachsen waren, gleichgültig ob Deutsche oder Elsässer der Herkunft nach.

Aus dem elsässischen Lager kam René Schickele, aus dem deutschen Ernst Stadler; die Söhne eingeborener Bauern, die von zugewanderten »Schwowe«, auch Mischlinge – alle trafen sich in der gleichen Auflehnung gegen die offizielle Legende in der Empfindung, daß etwas noch nicht Ausgesprochenes sichtbar zu machen sei – ein selbstbewußtes Elsässertum. Seine Aufgabe konnte, wie die Dinge lagen, nur Vermittlung, Versöhnung, Ausgleich sein, unter Betonung des unpreußischen Charakters dieses westlichen Gliedes, das noch nicht den Rang des gleichberechtigten Bundesstaates besaß.

Bei der elsässischen Frage handelte es sich darum, die zugezogenen und die einheimischen Elemente einer Synthese zuzuführen; im Grunde aber bedeutete das, daß es eine deutsche Frage gab: daß der neudeutsche Mensch, der Bewohner des zweiten Kaiserreiches, und die bürokratisch-militaristisch geformte, vom preußischen Geist bestimmte Kultur problematisch war. Wenn irgendwo im Bismarckschen Gebilde die kritische Auseinandersetzung, der Abstand, die Nichtidentität möglich wurde, dann im elsässischen Winkel.

Was dem Deutschen noch heute, nach der Katastrophe, schwerfällt, sich selbst mit nüchternen, mit sehenden Augen zu betrachten und zu begreifen, wie alles gekommen ist, kurzum das zu erlangen, was ich oben schon den *Blick* nannte: wir damals, zwischen 1900 und 1914, kamen ihm auf die Spur: wir, die im Grenzland Aufgewachsenen.

Meine innere Entwicklung war damit bestimmt, der führende Gesichtspunkt gegeben: die Plattform am Rand des deutschen Geschehens, nicht in ihm – die konsequente, fortschreitende Auseinandersetzung mit dem deutschen Wesen. Das mag negativ klingen, ich sehe den positiven Aspekt. Denn einen Halt hat, wer Bestehendes, Zeitliches, Gewordenes an Forderungen mißt, die auf einer anderen Ebene liegen. Er lernt unabhängig denken; es kommt ihm nicht darauf an, gegen eine Mehrheit von Millionen zu stehen.

1918 brachte zwar den Verlust der elsässischen Heimat, aber auch die Hoffnung, daß die Deutschen nun mit ihrer neuen Freiheit und der neuen, so großzügigen Verfassung etwas anzufangen wüßten. Ein paar Jahre lang sagte ich, über Politik und Kulturpolitik schreibend, ihrer mutlosen Demokratie die Meinung.

Eines Tages fragte eine Berlinerin, bei der ich den Tee nahm: »Wann erscheint Ihr nächster Artikel in der *Weltbühne*? Ich freue mich immer darauf, Sie schimpfen so schön auf die Deutschen.« – Es gab mir einen Schock; nicht um den Damen von Berlin nur ein Vergnügen zu machen, schlug ich mich mit meiner Nation herum; die Aufsätze wurden nicht von denen gelesen, an die sie sich wandten, nicht im gegnerischen Lager, sie verfehlten ihren Zweck.

Von einem Augenblick zum andern gab ich diese undankbare Arbeit auf, verließ das Land und entpolitisierte mich, überzeugt, daß den Deutschen nicht zu helfen sei. In der Schweiz und in Italien wandte ich mich ausschließlich mir selber zu; an die Jahre, die ich oberhalb Bozens auf dem Ritten verbrachte, denke ich als die schönsten, ruhigsten zurück: naturnahe Jahre, die sich in der Erzählung vom Reisegefährten spiegeln.

Auch das Verhältnis zur Nation gesundete; in der Nähe hatte ich zuviel auszusetzen, auf Abstand konnte man sich an das halten, was an ihr gefiel. Philosophisch ließe sich dieser Zustand als Fernliebe bezeichnen, der Gegenbegriff ist wohl Nahfeindschaft.

Ich wäre auf dem Ritten geblieben, aber dann schrieb ich die erwähnte Erzählung, die in der *Frankfurter Zeitung* erschien und den Faschisten in Rom mißfiel, weil sie – in der damaligen Fassung – der Unzufriedenheit der Südtiroler mit ihren neuen Herren ungeschminkten Ausdruck verlieh. Ich sah mich auf direkten Befehl Mussolinis ausgewiesen und an die Grenze geleitet; wenn ich wollte, konnte ich mir schmeicheln, für das Deutschtum eingetreten sei auch ich.

Als Wohnort wurde Baden-Baden gewählt; hier war ich in Süddeutschland, dem Elsaß gegenüber. Zum ersten Mal war ich richtig seßhaft, schon den Fünfzig nah, und da es eine Entscheidung war, zu der ich mir viel Zeit genommen hatte, blieb ich ihr treu, als 1933 nochmals die Frage auftauchte, wie ich es mit der Nation halten wolle. Ich blieb, kapselte mich ab und verdankte dem Krieg, was die meisten überraschen wird, das Wichtigste, was ein geistiger Mensch braucht: unbeschränkte Muße.

Jean Egen
Der Deutsche ist ein Wilder …

Dieses Buch ist die Geschichte einer elsässischen Familie. Ich habe es auf französisch verfaßt; in dieser Sprache habe ich schreiben gelernt. Ich freue mich, daß es auf deutsch erscheint; durch den Dialekt habe ich in dieser Sprache zu träumen begonnen. Während meine Mutter mich mit deutschen Märchen und Liedern wiegte, brachte mir mein Vater die Liebe zu Frankreich bei. Eine Liebe, die durchaus gerechtfertigt gewesen wäre, wenn sie sich nicht auf den Haß gegen die Deutschen gegründet hätte. Alle Franzosen meiner Generation, die nach dem Ersten Weltkrieg geboren wurden und die gerade das zwanzigste Lebensjahr erreicht hatten, als der Zweite Weltkrieg ausbrach, waren mehr oder weniger angesteckt von den Lügengeschichten, die ihnen von Schriftstellern, Journalisten und sonstigen Vertretern der nationalen Intelligenz eingetrichtert wurden. Selbstverständlich besaß die deutsche Intelligenz ebenfalls Dummköpfe, da der Krieg ja kaum zur geistigen Entwicklung beiträgt. Jedenfalls steht fest, daß ich die Deutschen für niedere Säugetiere hielt, die sich von Schwarzbrot und Schweineschmalz ernährten. Ich wußte, daß sie von ekelerregenden Sekretionen befallen waren, und ich zweifelte nicht an den Behauptungen Doktor Bérillons, laut denen deutscher Urin zweimal so giftig sei wie französischer.

Ich verfügte auch über subtilere Urteile, wie jene Definition, die ein priesterlicher Freund meines Vaters wohlgefällig zitierte: »Der Deutsche ist ein Wilder, der lacht, wenn er jemanden schlägt, und heult, wenn man ihn schlägt.« Es war jedoch eine Zeichnung, die meine Abneigung auf die Spitze trieb. Sie stellte einen kleinen Jungen dar, der mit der linken Hand die rechte begräbt. Die Deutschen, die sich meisterlich auf die Verstümmelung von Kindern verstehen, hatten sie ihm soeben abgehackt. Eine um so eindrucksvollere Zeichnung, als sie aus der Hand (ich müßte eigentlich sagen dem Fuß) des hervorragenden Malers Poulbot stammte, des zartesten und geistreichsten Künstlers von Montmartre. [...]

Als ich achtzehn Jahre alt war, ließ er [mein Vater] seine Vorurteile verstummen und schenkte mir einen vierwöchigen Ferienaufenthalt in einer badischen Familie. Vater Rustenholz war ein braver Biedermann. Als einer, der in Verdun gerade noch davongekommen war, hatte er eine wenig erfreuliche Erinnerung an die Hölle der Schützengräben. Er versuchte, seinen Pazifismus mit seiner Bewunderung für Hitler in Einklang zu bringen. »Unser Führer hat uns das beste Heer der Welt geschmiedet«, sagte er. »Wehe dem, der sich an Deutschland heranwagt. Sei aber unbesorgt, Kleiner, niemand wird es wagen. Wenn unser Führer für den Krieg rüstet, dann nur, weil er den Frieden will.«

Ich kam nach Frankreich zurück voll beruhigender Gedanken, die ich am Familientisch zum besten gab. Da Deutschland das stärkste Heer der Welt besitzt, erklärte ich, kann die Welt ruhig schlafen. Mein Vater zog die Augenbrauen hoch. Ich nahm ihm alle Zweifel: »Deutschland hat sich nur mit so starken Waffen ausgerüstet, um die Schurken zu entmutigen, die es angreifen möchten. Es ist eine Abschreckungswaffe, wenn du verstehst, was ich sagen will...« Eigentlich glaube ich nicht, daß ich diesen Ausdruck gebrauchte, aber ich hatte zumindest diesen Gedanken...

Ich muß gestehen, daß ich im September 1939 den Einmarsch in Polen schlecht aufnahm. Es war ein Land, aus dem Onkel Fuchs – wie man später noch sehen wird – wunderbare Erinnerungen mitgebracht hatte. In meiner Empörung darüber, von Hitler und Vater Rustenholz getäuscht worden zu sein, fühlte ich, wie meine Abneigung gegen das Deutschland der Trommeln und des Militärs wieder auflebte, und ich zog aus, es zu bekämpfen, mit Novalis und Lenau in meinem Tornister.

Mein Haß wurde noch einmal auf die äußerste Spitze getrieben, als im September 1944 die SS meinen Kameraden Victor Kuntzmann festnahm und ihn an einem Waldrand erschoß. Als Student der rue d'Ulm[1] stand ihm die glänzendste Laufbahn bevor. Die Mörder erlaubten seiner Mutter, die Leiche des Hingerichteten zu identifizieren. Es war eine im Doubs exilierte Elsässerin, und ich sehe, ich höre sie noch heute, wie sie den gräßlichen Anblick ihres von Kugeln durchlöcherten Kindes beschreibt. Ihr Schmerz war wie Feuer, ihr Blick brannte, ihre Stimme prasselte wie Flammen und verwandelte ihre Worte in Schreie …

Einige Wochen später erlebte das Gebiet von Montbéliard, wo sich das Drama abgespielt hatte, die Befreiung. Unter Aufsicht marokkanischer Soldaten arbeiteten deutsche Gefangene an der Instandsetzung einer gesprengten Brücke. Es waren ganz junge Soldaten, Kinder, deren Fleisch der Nazi-Oger noch verzehrte, bevor er krepierte. Es war im Dezember, und es herrschte eisige Kälte, als einer dieser Unglücklichen in den Doubs fiel. Er war in Lebensgefahr durch Unterkühlung, als ihn seine Kameraden aus dem eiskalten Wasser zogen. Er wurde auf den gefrorenen Boden gelegt, und während die von den Marokkanern angetriebenen Gefangenen ihre Arbeit wiederaufnahmen, blieb er daliegen

1 Metonymie für die ›Ecole normale supérieure‹, die Schule, in der von Jaurès bis Pompidou, von Bergson bis Sartre und von Romain Rolland bis Alfred Kastler die französische Republik ihren Nachwuchs an geistigen Größen ausbildet.

und zitterte am ganzen Körper in seinen triefenden Kleidern. Sein Blut begann zu gefrieren, als Mutter Kuntzmann an ihm vorüberkam. Sie eilte zu dem Unglücklichen, kniete neben ihm nieder, hüllte ihn in ihren Schal, rieb ihm das Haar und schenkte ihm Worte der Zärtlichkeit und Gesten des Mitleids.

Als die Marokkaner, die einfachen Gemütes waren, sie Deutsch sprechen hörten, verdächtigten sie die Frau, mit dem Feind zu paktieren, und entfernten sie schonungslos. Einige Augenblicke später erlebte der Befehlshaber der Truppe, wie seine Bürotüre von einer kleinen schwarzgekleideten Frau aufgerissen wurde. Sie teilte ihm mit erschütterter Stimme mit, daß sich am Ufer des Doubs ein Deutscher in Lebensgefahr befinde und daß man ihn unbedingt retten müsse. Der Offizier hätte fast geantwortet, daß er nicht von so weit hergekommen sei, um die Deutschen dem Tod zu entreißen, sondern um sie hineinzuschicken. Aber der Blick von Mutter Kuntzmann untersagte jeglichen Scherz. Sie erhielt einen Jeep und zwei Soldaten, die sie zu dem Unglücklichen fuhren, der mit klappernden Zähnen und blaugefrorenem Gesicht am Boden lag. Sie nahm ihn mit nach Hause, badete und frottierte ihn und gab ihm zu essen; erst nachdem sie ihn mit warmen Wollsachen aus dem Schrank ihres ermordeten Sohnes bekleidet hatte, brachte sie ihn seinen Wärtern zurück. »Sie sind Elsässerin?« hatte der durch ihren Akzent aufmerksam gewordene Offizier gefragt. »Ja«, hatte sie geantwortet, »und ich kann es nicht mehr ertragen, daß Franzosen und Deutsche sich gegenseitig töten. Nein, Herr Offizier, ich kann es nicht mehr ertragen.«

Die deutsch-französische Aussöhnung war auf ihrem Höhepunkt angelangt, als Mutter Kuntzmann ihren Sohn im großen Frieden der Toten wiederfand. Aber sie war eine der ersten gewesen, die dafür ein Beispiel gab. Zu ihrer Erinnerung lege ich dieses Buch in den Geschenkkorb der Freundschaft.

Emma Guntz
Wie man Elsässerin wird

Ich habe zwei Pässe, einen deutschen und einen französischen, und besitze durch meine französische Heirat zwei Staatsangehörigkeiten, die französische und die deutsche. Wenn ich beim Ausfüllen amtlicher Papiere auf die Frage nach meiner Staatsangehörigkeit stoße, antworte ich »französisch«. Denn ich lebe, wähle und arbeite seit mehr als zwanzig Jahren in Frankreich, in Straßburg im Elsaß, mit meinem Mann und meinen drei Kindern.

Manchmal stellt man mir die Frage, ob ich mich als Französin oder als Deutsche fühle. Ich antworte – je nach Fragesteller auf deutsch oder französisch – »als Elsässerin«, »je me sens Alsacienne«. Denn ich fühle mich eher einer Region zugehörig als einem nationalen Gefüge, das mir persönlich abstrakt vorkommt. Im Fall Elsaß kommt eine weitere Dimension hinzu. Elsässer sein heißt für mich nicht nur im Elsaß wohnen, Elsässer sein bedeutet, eine ganz besondere geistige Haltung einzunehmen. Das heißt: mit zwei Sprachen und Kulturen zu leben, zwischen ihnen zu vermitteln, ohne dabei seine eigene Persönlichkeit aufzugeben.

Das kann eine Lebensaufgabe sein. Und manchmal ist man versucht aufzugeben, bevor man es einigermaßen gelernt hat, sein sprachliches, kulturelles, politisches und soziales Gleichgewicht zu finden und anmutig »auf zwei Stühlen« zu sitzen. Ich kann ein Lied davon singen und stimme dem elsässischen Maler und Humanisten Camille Claus voll und ganz zu, wenn er sagt: »On ne naît pas Alsacien, on le devient«. Man wird nicht als Elsässer geboren, man kann es werden.

Ich wurde nicht als Elsässerin, sondern als Badenerin geboren. Meine erste Berührung mit dem Elsaß ergab sich durch ein Märchen- und Legendenbuch mit dem Titel »Märchenfahrt am Silbernen Strom«, das im Jahr 1943 (!) in Straßburg gedruckt worden war und nach dem Krieg irgendwie auf meinem zehnten Geburtstagstisch landete. Riesen und Zwerge, Ritter und Edelfräulein, Bauern und Bürger tummelten sich rechts und links des urdeutschen Rheins und legten im Stil der Zeit Zeugnis ab vom »deutschen« Wesen der Badener und der Elsässer.

Liebe auf den ersten Blick

Elsässischen Boden betrat ich zum erstenmal bei meinem Abiturausflug. Ich hatte inzwischen im Geschichtsunterricht einiges über die unselige Rolle des Elsaß im Spannungsfeld der französischen und deutschen Machtpolitik erfahren und wußte, daß Straßburg der Sitz des Europarats war. Doch das Wichtigste war für mich damals, daß ich eine Grenze überschritt und einen schönen Stempel in meinen nagelneuen Paß bekam. Unser dreitägiger Aufenthalt in Straßburg und Colmar mit Münster und Unterlindenmuseum, mit Aperitif und Café-Kirsch und dem französisch-elsässischen Sprachengemisch war für mich der Gipfel der Exotik. Das Elsaß erschien mir wie ein Märchenbuch, eine idyllisch-heile Welt, überglänzt vom Glorienschein meiner ersten Verliebtheit.

Wenn man heute im deutschen Fernsehen manche Sendungen über das Elsaß und die Elsässer betrachtet, könnte man den Eindruck gewinnen, sie würden von oberfläch-

Straßburg, La Petite France: Les Ponts Couverts/ bei den »gedeckten Brücken«.

lichen, kitschverliebten Touristen gedreht. Da sieht man traute Weindörfchen oder pittoreske Städtchen, trachtengeschmückte, markige Elsässer vor reichgedeckten Tischen, die sich unter der Last des Sauerkrauts, der Gänseleberpastete und der Gugelhupfs biegen. In einem – für bundesdeutsche Ohren zurechtgestutzten – Gemisch aus viel »Elsässerditsch« und sehr wenig akzentgeladenem Französisch ergehen sie sich über Wein, Weib und Gesang, während die Störche vom Dienst über abendrotumglänzten Kirchtürmen kreisen.

Mein dritter Kontakt mit dem Elsaß wurde mir zum Schicksal. Es war Liebe auf den ersten Blick, als ich im Zug zwischen Freiburg und Heidelberg einem Elsässer-Franzosen begegnete, dem ich einige Zeit später in sein Land folgte. Das stieß auf einige Hindernisse. Meine Eltern waren zwar mit der Person, vielleicht auch mit dem Elsässer, aber ganz und gar nicht mit dem Franzosen einverstanden. Sie sprachen von dem noch nicht vergessenen Krieg, von Ausland und von Sprachschwierigkeiten. Doch das konnte mich nicht abschrecken. Was hatte ich Nachkriegsgeschöpf mit dem Zweiten Weltkrieg zu schaffen? Ausland, Frankreich klang betörend in meinen Ohren, war gleichbedeutend mit Chic und Charme, mit Freiheit, Gleichheit, Brüderlichkeit. Und war ich nicht schon drei Tage im Elsaß und davon bezaubert gewesen? Und sprach mein Elsässer-Franzose nicht perfekt deutsch? Ce que femme veut ... Was eine Frau sich in den Kopf gesetzt hat ...

So reiste ich eines Tages hochgemut auf dem Soziussitz einer alten Vespa ins Elsaß, um meiner zukünftigen Schwiegerfamilie vorgestellt zu werden. Nach der Durchquerung Straßburgs fuhren wir durch leicht hügeliges Land die Weinstraße am Fuße der Vogesen entlang bis in ein kleines Dorf. Ich kam, ich sah, ich liebte.

Es kam mir der Gedanke, daß es vielleicht nicht rein strategische Gründe waren, die Ludwig XIV. so hartnäckig um den »beau jardin« des Elsaß kämpfen und feilschen ließen, bis er es 1681 nach der Belagerung von Straßburg in die Tasche steckte. Welch wunderschönes Land! Kein Wunder, daß Bismarck es nach 1870 wieder dem Deutschen Reich angliederte und sich die Franzosen schworen: »ils n'auront pas l'Alsace et la Lorraine«. Und nach 1918 hatten sie sie wieder, die drei elsaß-lothringischen Departements, und versuchten sie durch eine entsprechende Sprach- und Schulpolitik schnellstens zu rein französischsprachigen Provinzen zu machen. Dann kam das »Dritte Reich«... Das Naziintermezzo im Elsaß mit seiner gnadenlosen Entwelschung und seiner radikalen »Heim-ins-Reich-Politik« rechtfertigte nach 1945 in den Augen vieler Elsässer die vom Pariser Unterrichtsministerium angeordnete Amnesie in bezug auf die deutsche Sprach- und Kulturkomponente der elsässischen Vergangenheit. Auch die regionale Sprache, das Elsässerditsch, wurde durch die Gleichsetzung von »deutsch« und »nationalsozialistisch« betroffen und aus dem öffentlichen, amtlichen Leben verbannt unter dem Slogan: »Il est chic de parler français«.

Elsässische Gastlichkeit

Von allen diesen Verwicklungen wußte ich damals auf meinem Vespa-Soziussitz kaum etwas. Glücklich fuhr ich mit meinem Elsässer durch das sommerliche Land und war gespannt auf meine neue elsässische Familie. Dann war es soweit. Wir bogen von der Hauptstraße ab, fuhren eine kleine Gasse hinauf, die sich an der Dorfkirche vorbeischlängelte, und waren angelangt. Die ganze Sippe war versammelt und empfing mich mit einem Gemisch aus zurückhaltender Herzlichkeit und abwartender Neugier. Meine zukünftigen Schwiegereltern sprachen elsässisch und deutsch, meine Schwäger und Schwägerinnen elsässisch und französisch, meine Nichten und Neffen französisch und elsässisch. Der Tisch war mit echt elsässischer Gastlichkeit gedeckt. Mir gingen die Augen auf und die Nase über. Das Wasser lief mir im Mund zusammen. Nach großen Hors d'œuvre-Platten, nach Hase und Nudeln, knoblauchgewürztem Salat und einer schwelgerischen Käseplatte kam als Dessert der »Vacherin Glacé« auf den Tisch, diese köstliche Mischung aus lockerem Biskuit, fruchtigem Eis und gefrorener Schlagsahne. Natürlich wurde in einer Winzerfamilie auch nicht an Riesling und Gewürztraminer gespart, und das hausgemachte Mirabellen- und Kirschwasser begleitete den schwarzen Kaffee, der das lukullische Mahl abschloß.

Mein Appetit wurde wohlwollend zur Kenntnis genommen, mein Äußeres gebilligt. Und als Schwäger und Anhang sich nach dem Essen zurückzogen und uns mit den Eltern allein ließen, wurde ich in den Abschiedsgruß, zwei auf beide Backen gehauchte oder geknallte Küsse, miteinbezogen. Sie hatten mich vorläufig akzeptiert.

Jetzt blieb noch die Feuerprobe mit den Eltern zu bestehen. Es stellte sich heraus, daß meine von der ihren abweichende Konfession in ihren Augen ein viel größerer Hinderungsgrund war als die Tatsache, daß ich von der anderen Seite des Rheins kam. Die Eltern meines Mannes waren um die Jahrhundertwende als deutsche Staatsangehörige geboren und in die deutsche Schule gegangen. Als sie 1918 die Staatsangehörigkeit wechselten, war die Schulzeit für sie vorbei. Deshalb sprach mein Schwiegervater überhaupt kein Französisch, meine Schwiegermutter fand sich einigermaßen darin zurecht. Sie hatten dreimal die Staatsangehörigkeit gewechselt: 1918 wurden sie französisch, 1940 deutsch, 1945 endgültig französisch. Es waren ganz einfache Leute mit gesundem Menschenverstand und einem angeborenen Sinn für Gerechtigkeit, und sie unterschieden zwischen dem Regime des Dritten Reichs und den deutschen Menschen. Ich habe zwar unzählige Geschichten und Witze gehört, wie man die reichsdeutschen und die ganz wenigen elsässischen »Nazis« an der Nase herumführte, aber nie ein verächtliches Pauschalurteil über die »Boches«. Die Zugehörigkeit zum französischen Staat war für sie eine Selbstverständlichkeit, und ihre mangelnde Kenntnis der französischen Sprache hatten sie in ihrer kleinen Dorfgemeinschaft kaum als Nachteil empfunden. Denn im dörflichen Verband und innerhalb der Familie sprach man – damals im Jahr 1962 – fast ausschließlich den alemannischen Dialekt.

Bei ihren Söhnen und in der Stadt hatten sich die Sprachverhältnisse schon verschoben zugunsten des Französischen. Denn die Amts- und Schulsprache war seit 1945 ausschließlich die französische Sprache. Mein Mann war in den französischen Kindergarten und zwei Jahre in die französische Volksschule gegangen. Elsässisch war seine Familiensprache, französisch seine Schulsprache. Von 1940 bis 1944 besuchte er die deutsche Volksschule, in der er plötzlich hochdeutsch schreiben und denken sollte. Nach 1945 mußte er wieder umschalten. Die einzig zulässige Unterrichtssprache war Französisch, Hochdeutsch gab es nur im Fremdsprachenunterricht, Elsässisch war in der Schule verboten. Damit wurde das Französische seine endgültige Schriftsprache, seine Berufs- und Fachsprache, die Sprache, in der er mit seinen Lehrern, Kollegen und Freunden verkehrte. Noch heute ist es ihm unmöglich, seine Verbundenheit, seine Beziehungen zu seinen drei Sprachen genau auszuloten.

Als er mich kennenlernte, sprach ich kaum französisch. Deshalb war unsere erste gemeinsame Sprache das Hochdeutsche. Wir verlobten uns und heirateten. Nach der Heirat beendete zunächst jeder sein Studium in seiner Stadt, in seinem Land; doch dann zog ich nach Frankreich, nach Straßburg. Da saß ich in der »wunderschönen Stadt« und sollte mit einem Schlag französische Hausfrau spielen, ohne im geringsten über die nötigen Sprach- oder Kochkenntnisse zu verfügen. Die Heldenhaftigkeit, mit der die Freunde meines Mannes Kuchen mit Schlagsahne – zur Teezeit – und belegte Brote – zum Diner – hinunterwürgten, war anerkennenswert. Da ich gerne gut esse, lernte ich rasch gut kochen.

Zusammenleben von drei Kulturen

Das Sprach- und Konversationsproblem war weniger leicht zu bewältigen. Denn im Gegensatz zum Land und abgesehen von der älteren Generation war die Umgangssprache in der Stadt Französisch. Sehr viele »Strasbourgeois« verstanden überhaupt kein Elsässisch, geschweige denn Deutsch. Sei es, daß sie aus Innerfrankreich kamen, sei es, daß sie zur Generation nach 1945 gehörten, deren Eltern vom alleinseligmachenden Chic der französischen Sprache überzeugt waren. Und ich, wie sollte ich mich verhalten? Sollte ich meine Muttersprache vergessen und mich ganz nach Frankreich hin orientieren? Wie konnte ich mich im Elsaß einleben, dazugehören, ohne meine Vergangenheit aufzugeben? War es nicht möglich, das bisher Erfahrene zu bewahren und das Neue harmonisch dazuzufügen?

Die Antwort bekam ich von zwei älteren Damen, die

ich in der Stadt untereinander elsässisch sprechen hörte und deshalb auf deutsch um eine Auskunft bat. Die beiden musterten mich, tauschten einen Blick und antworteten mir liebenswürdig lächelnd auf französisch. Nachdenklich sah ich ihnen nach. Ein paar Schritte weiter wurden sie von einem Französischsprachigen befragt, dem sie ebenso liebenswürdig Auskunft gaben, die eine auf elsässisch und die andere... auf hochdeutsch.

Ich legte diese Begegnung so aus, daß man weder als nur Deutschsprachiger noch als nur Französischsprachiger wirklich zum Elsaß gehört. Und daß auch das Elsässerditsch allein noch keinen richtigen Elsässer ausmacht, sondern erst das Zusammenleben der drei sprachlichen Ausdrucksformen und damit das Zusammenleben dreier Kulturen. In meinem Fall hieß das zunächst, so schnell und so gut wie möglich Französisch zu lernen. Ich begann zum Erstaunen und zur anfänglichen Erheiterung meines Mannes nur noch französisch mit ihm zu sprechen. Ich las nur noch französisch, versuchte französisch zu denken und triumphierte, als ich zum erstenmal auf französisch träumte. Und da ich ebenso mitteilsam wie hartnäckig bin, konnte ich nach einigen Monaten mit einer recht zusammenhängenden Konversation aufwarten.

Am heroischsten fühlte ich mich, als ich meinen ersten Sohn mit Hilfe einer rein französischsprachigen Hebamme zur Welt brachte. Er sollte es leichter haben als ich mit der Mehrsprachigkeit, und deshalb sprach ich vom ersten Tag nur französisch mit ihm, obwohl ich mir dabei anfangs sehr gekünstelt vorkam. Meine Mutter, die nach dem Tod meines Vaters als begeisterte Großmutter nach Straßburg kam und dort wohnen blieb, wurde für ihn und die beiden weiteren Kinder zur deutschen Sprachinstanz. Und die Konvivialität der beiden Sprachen innerhalb der Familie klappte ganz vorzüglich. Meine Kinder sind problemlos mehrsprachig, zumindest was das Sprechen anbelangt. Mit dem deutschen Schreiben hapert es ein bißchen, da man deutsche Rechtschreibung erst ab der sechsten Klasse im Fremdsprachenunterricht lernen kann.

Mit den Kindern begann mein wirklicher Kontakt mit meiner elsässischen Umwelt. Ich schloß Bekanntschaften, Freundschaften, konnte zuhören, beobachten. Französische Eltern sind ungeheuer ehrgeizig. Schulergebnisse sind auch im zartesten Alter ausgiebige Gesprächsthemen ebenso wie der dafür verantwortliche Lehrer, »le maître«, und die Lehrerin, »la maîtresse«. Da ich den Begriff »maîtresse« bisher nur mit so verführerischen Kreaturen wie der Dubarry verbunden hatte, kam mir die französische Schulterminologie etwas frivol vor, bis mir der lateinische »magister« etymologisch zur Hilfe kam ...

Außer über die Schule diskutierte man unter guten Bekannten über Politik, über Gott und die Welt – auf französisch natürlich. Es kam aber vor, daß meine Gesprächspartner vom Französischen ins Elsässerditsch verfielen, um dann wieder auf französisch weiterzumachen. Für mich war das so etwas wie ein Ritterschlag. Denn für mich bedeutete das: Du gehörst zu uns.

Wie stand es nun mit mir? Wie steht es mit mir und meinem Versuch der Doppelsprachigkeit und der Doppelkultur? Ich schwimme zwar wie ein Fisch im Wasser der französischen Konversation, schreibe lebendige französische Briefe, habe mich mit dem Amtsschimmelfranzösisch vertraut gemacht, verteidige mich gegenüber der Steuerbehörde, ergattere als Präsidentin eines Jugendvereins alle möglichen Subventionen vom französischen Staat, mache französische Interviews für Radio Alsace ... Doch wenn ich einen französischen Artikel schreibe, schwitze ich Blut und

Wasser, überwache jedes Wort, zweifle an der Korrektheit jedes Satzes. Ich bin mir darüber klar, daß ich mit meiner neuen Lebenssprache nie unbefangen umgehen werde. Außerdem habe ich bemerkt, daß ich meine Muttersprache zu vernachlässigen beginne und daß ich ständig auf der Hut sein muß, um Lücken zu schließen und auf dem laufenden zu bleiben.

Im übrigen habe ich mir »mein« Elsässerditsch zusammengebastelt, das ich mit meinen Freunden spreche, wenn wir gerade Lust darauf haben. Ich verstehe und lese alle Varianten der elsässischen Sprache, die seit 1945 eine moderne, kraftvolle Lyrik hervorgebracht hat. Ich bin weit davon entfernt, »meine« Sprachen zu beherrschen. Aber wird dieses Gefühl der Unzulänglichkeit nicht aufgewogen durch die Vielfalt der Möglichkeiten, die sich anbieten? Durch die Öffnung und die Fähigkeit, sich in verschiedene Sprach- und Kulturbereiche einzuleben und zu einer persönlichen Symbiose zu verbinden? Ich habe entdeckt, daß ich mit dieser Frage nicht allein stehe und daß diese »elsässische« Frage für viele Elsässer von lebenswichtiger Bedeutung ist. Denn sie wollen im französischen Elsaß aus allen ihren sprachlichen und kulturellen Quellen trinken können, um ihrer Vergangenheit und ihrer Gegenwart gerecht zu werden, um zu sich selbst zu finden. Um unserer normwütigen Gesellschaft von heute die Möglichkeit, das Recht auf das Anderssein vorzuleben.

Denn die Sprache, die Sprachen sind der Schlüssel zum Erfassen der Welt. Es ist natürlich nicht einfach und nicht immer »rentabel«, verschiedene Schlüssel zu handhaben oder handhaben zu lassen. Doch sollte jeder die Möglichkeit und das Recht haben, diese Entscheidung frei zu treffen. Und was das Elsaß anbetrifft, so singt man hier zwar viel vom Hans im Schnakenloch, der nie weiß, was er will. Doch den gibt es ja nicht nur hier bei uns, in Straßburg, im Elsaß.

Barbara Honigmann
Hinter der Grande Schul

Yael Abramowicz ist sechsundzwanzig Jahre alt und unterrichtet an einer Straßburger Berufsschule Französisch. Ihr Großvater ist in den zwanziger Jahren aus Polen weggewandert und auf seinem Weg nach Westen, eigentlich wollte er ja bis Amerika kommen, in Ingwiller hängengeblieben. Er war ein armes Schneiderlein, aber besser als in Polen war es allemal, auch wenn die Begrüßung durch die elsässischen Glaubensbrüder nicht so grandios war und man sich als »Hergelaufener« bezeichnen lassen und in der Synagoge in der letzten Reihe sitzen mußte. Nicht sehr viel später, auf der Flucht vor den Nazis ins Innere Frankreichs, waren sie dann alle gleich, und auch die letzten hatten es begriffen, daß es keine Rangunterschiede gab. Eine Einsicht, die zwanzig Jahre später wenigstens dazu beigetragen hat, den aus Nordafrika geflohenen Juden einen besseren Empfang zu bereiten.

Gegen Ende des Krieges konnte Großvater Abramowicz seinen Sohn in ein Kinderheim in die Schweiz schicken, er selbst überlebte mit seiner Frau im Limousin, weil ein mutiger Bürgermeister jede angekündigte Razzia vorweg meldete, so daß die Juden genug Zeit hatten, sich zu verstecken, was im Nachbardorf nicht der Fall war – der dortige Bürgermeister hatte andere Überzeugungen. Daß Großvater Abramowicz von seinen Eltern und dem Rest der Familie aus Polen nie wieder ein Lebenszeichen bekam, braucht man ja nicht zu erwähnen. Nach dem Krieg kehrten die Abramowicz nach Ingwiller zurück, wie das alle Juden aus dem

Elsaß taten, im Gegensatz zu denen aus Deutschland und Österreich. Sein Sohn wurde auch Schneider, auch in Ingwiller, und eröffnete dort sogar einen Salon, aber seine Tochter Yael schickte er nach Straßburg auf die Ecole Aquiba, und nach dem Tod des Großvaters hat sich die Familie dann ganz in Straßburg angesiedelt.

Vater und Tochter sprechen ganz gut Deutsch, und Yael verehrt Goethe, Kafka und Peter Handke, aber über die deutsche oder österreichische Grenze würde sie nie einen Schritt tun.

Das war eine der ersten Lebensgeschichten, von so vielen, die ich hier hörte, als ich vor vielen Jahren aus Berlin nach Straßburg kam. Ostberlin war eine jammervolle Diaspora, und Straßburg mit seinen 15- oder 20000 Juden, keiner weiß die Zahl so genau, war ein Jerusalem.

Dabei ist Straßburgs jüdische Gemeinde bei weitem nicht die größte in Frankreich, nach ihrem Bevölkerungsanteil jedoch leben hier so viele Juden wie in Berlin oder Wien vor dem Krieg. Aber wenn es auch eine lebendige Gemeinde ist, mit allem, was dazugehört, mit Kindergärten, Schulen, Geschäften, Pizzerias, Sportclubs und zig Betstuben – in Paris gibt es von all dem natürlich noch viel mehr.

Eine Ironie der Geschichte will es, daß gerade im »quartier allemand«, wo früher Kaiser Wilhelms Beamte wohnten, nun die Juden in großer Zahl eingezogen sind, so daß die ganze Gegend hinter der großen, consistorialen Synagoge, hier »Grande Schul« (geschrieben Grande Choule), genannt, bis hoch zum Boulevard Clemenceau heute zum »quartier juif« geworden ist, oder wie es manche mit Humor nennen: das Ghetto. Die Gegend zwischen Orangerie und Esplanade, wo wir wohnen, die erst ein wenig später zum »quartier juif« geworden ist, wird folgerichtig »das zweite Ghetto« genannt.

Für mein neues Straßburger Leben hatte ich mir eine Legende zurechtgelegt, nach der ich nämlich gar nicht her-, sondern vielmehr hierher zurückgekommen bin, da eine meiner Großmütter eine geborene Weil war, und ja jeder weiß, daß alle Weils in allen Schreibweisen aus dem Rheintal kommen und ich also in dieser Linie meiner Familie von dort stamme. Unter den jüdischen Namen im Elsaß wird der Name Weil in seiner Häufigkeit, auch heute noch, nur von dem Namen Levy, allerdings bei weitem, übertroffen, dicht gefolgt von Kahn und Dreyfuß. Der Wunsch »dazuzugehören« kommt wahrscheinlich von meiner Vorstellung vom elsässischen Judentum als etwas Besonderem. Keine andere jüdische Gemeinschaft hat so lange in ein und derselben Landschaft gelebt. Nicht, daß man sich Illusionen machen soll und denken, daß es hier immer friedlich zugegangen wäre – ganz im Gegenteil, den elsässischen Juden ist im Laufe der Jahrhunderte nichts erspart geblieben, kein Scheiterhaufen und keine Schikane, und auch die Vertreibung aus den Städten nicht, aber sie haben sich dann in dem umliegenden Land angesiedelt, wurden auch dort bedrängt und eingeschränkt, aber haben sich doch irgendwie durchmogeln können, wenn auch oft in erbärmlichem Elend.

Und als der große Tag der Judenemanzipation, durch Dekret der französischen Nationalversammlung, gekommen war, stellte es sich heraus, daß es gar keine französischen und nur elsässische Juden gab, wenn man einmal absieht von der Handvoll Juden, die in Avignon unter dem Schutz des Papstes, und den Sefardim, die in Bordeaux gelebt haben.

Heute sind sie natürlich, und seit dem letzten Krieg besonders, richtige Franzosen geworden und haben sich seitdem auch mit polnischen und sefardischen Juden verheiratet und vermischt. Es ist schon auffällig, wie viele verschiedene Sprachen in den Familien gesprochen werden und wie die Herkunft sich oft über viele Länder und gar Kontinente verzweigt.

Aber es gibt auch noch richtige Elsässerjuden und sogar noch deren traditionellen Beruf, Viehhändler. »Behemeshändler« heißt das in ihrem judeo-elsässischen Dialekt. Die große Mehrheit der elsässischen Juden sind nun aber auch reine Stadtmenschen geworden, und ihre Vorfahren, die Landjuden, liegen auf den Friedhöfen am Rande der elsässischen Dörfer, die ältesten gehen bis auf das 16. Jahrhundert zurück. Aus dem Mittelalter haben nicht einmal die Steine überlebt.

Es heißt oft, ich sei an einen Ort mit einer besonders orthodoxen Gemeinde ausgewandert, das ist eine Legende, und zwar in jeder Hinsicht. Es gibt in Straßburg eine starke und intakte Orthodoxie, aber wie überall befindet sich auch hier die Mehrheit der Leute in der Mitte, und ich befinde mich eher am Rande dieser Mitte. »Traditionell« oder »praktizierend« wird das genannt, und es ist der Versuch, irgendwo zwischen ganz orthodox und ganz assimiliert den jüdischen Teil seiner Existenz lebendig zu halten, ihm einen Sinn zu verleihen und sich schließlich durchzuwursteln. Gott sei Dank ist ja auch immer was los. Denn dafür sind sie gerade gut, alle die Beschneidungen, Bar-Mitzwas, Hochzeiten und sonstigen Feste. Und manchmal ist es eben auch eine Célébration zum zweihundertsten Jahrestag der Judenemanzipation, bei der man sich ein bißchen im Mittelpunkt fühlen kann, aber von der inzwischen auch schon manche sagen, daß sie den Juden vielleicht nicht nur Gutes gebracht hat.

Tomi Ungerer
Meine Wurzeln liegen im Elsaß

Ich habe den größten Teil meines Lebens im Ausland verbracht, in New York, in Kanada; jetzt lebe ich in Irland. Meine Wurzeln liegen im Elsaß, mein Laub nehm ich mit. Ich nenne das meine Abstammung. Ich bin stolz, Elsässer zu sein, ich bin stolz auf mein bescheidenes Volk, auf Albert Schweitzer, Ettore Bugatti, die Marx Brothers, den Weihnachtsmann, Bartholdi alias Berchtold, dem wir die Freiheitsstatue verdanken, auf Sebastian Brant und sein Narrenschiff, das uns heute noch das Grinsen bewahrt. Auf Hans Arp, Matthias Grünewald und Martin Schongauer.

Beim Elsässer ist, ganz darwinistisch, ein Arm länger als der andere. Der lange Arm ist nützlich, um die deutsche Kuh überm Rhein zu melken oder die französische hinter der »blauen Linie der Vogesen«. Aber nicht nur zum Melken, sondern auch, um sich die Hand zu geben.

Der Überlebensinstinkt des zum Kanonenfutter Prädestinierten hat uns in eine schlaue Schneckengesellschaft verwandelt; eine Schnecke, die sich wie ein Chamäleon mit ihren Farben leicht ins Unsichtbare tarnt. Bequem und bescheiden.

Das Elsaß ist wie ein Eintopfgericht: Kelten, Franken, Römer, Alemannen, Helveter, Franzosen, deutsche, Italiener und Juden haben ihre Spuren hinterlassen. Und doch hat diese Mischung eine stark ausgeprägte Identität. Kommt einer ohne Arroganz, ist er bei uns willkommen. Adaptiert ... adoptiert.

Ich habe einen Freund aus der Nachkriegsgeneration, der mit Französisch aufgewachsen ist – der Klang der deutschen Sprache rief die schlimmen Erinnerungen an die Nazizeit wach, und Elsässisch war einfach unelegant. Vor einigen Jahren erlitt seine Mutter, die am Lycée Deutsch unterrichtete, einen Schlaganfall. Der liebe Sohn war dabei, wie die Mutter wieder zu sich kam: Sie sprach nur deutsch, konnte sich an kein Wort Französisch erinnern, sie lebt noch, und der Sohn versteht sie heute immer noch nicht.

Da haben wir sie, die elsässische Zerrissenheit.

Dem Elsässer ist das Wort »Heimat« lieber als »Vaterland«. Die Kinder der Mutter Elsaß, ständig von zwei eifersüchtigen Nachbarn abwechselnd vergewaltigt und gehätschelt, leiden an ihrer Identität: Franzosen? Deutsche? Das Elsaß zeigt sich wie eine Kaiserschnittnarbe auf der Landkarte Europas, jetzt schön geflickt. Zwei Nationen wurden zusammengenäht, die sich seit Jahrhunderten um dieses Schlaraffenland gezankt haben.

In Berlin gab es eine Mauer. Im Elsaß hatten wir drei: eine gallische, eine teutonische und eine Klagemauer. Denn die Elsässer klagen gerne wie die Juden, und so heißt es in unserem Lied vom Hans im Schnokeloch *Und was er hätt, das will er net, und was er will, das hätt er net*.

Vor Jahren sagte ich noch, das Elsaß sei wie eine Toilette, immer besetzt. Viel hat sich seither geändert, wir leben nicht mehr unter deutschen Stiefeln oder französischen Pantoffeln, sondern unter dem besternten Heiligenschein Europas.

Wir Elsässer sind geborene Europäer. Der Elsässer verabscheut die Gewalt, denn wer nicht zufrieden ist, sucht den Frieden. Wir haben nie einen Krieg verloren, unsere Nachbarn oft – auf unserem Buckel.

Odilienberg/Mont Ste Odile

Unsere Sprache, unsere Sprachen

Albert Schweitzer
Aus meinem Leben und Denken

Den Unterschied zwischen den beiden Sprachen empfinde ich in der Art, als ob ich mich in der französischen auf den wohlgepflegten Wegen eines schönen Parkes erginge, in der deutschen aber mich in einem herrlichen Wald herumtriebe. Aus den Dialekten, mit denen sie Fühlung behalten hat, fließt der deutschen Schriftsprache ständig neues Leben zu. Die französische hat diese Bodenständigkeit verloren. Sie wurzelt in ihrer Literatur. Dadurch ist sie im günstigen wie im ungünstigen Sinne des Wortes etwas Fertiges geworden, während die deutsche in demselben Sinne etwas Unfertiges bleibt. Die Vollkommenheit des Französischen besteht darin, einen Gedanken auf die klarste und kürzeste Weise ausdrücken zu können, die des Deutschen darin, ihn in seiner Vielgestaltigkeit hinzustellen. Als die großartigste sprachliche Schöpfung in Französisch gilt mir Rousseaus »Contrat Social«. Als das Vollendetste in Deutsch sehe ich Luthers Bibelübersetzung und Nietzsches »Jenseits von Gut und Böse« an.

Maxime Alexandre
Zweisprachigkeit

Immer noch schlug ich mich mit meiner Zweisprachigkeit herum, die als Problem ebenso unerquicklich ist wie der Begriff der Bilinguität. Ich war vier oder fünf Jahre alt, als ich in den Kindergarten kam. Er wurde von einer ebenso stattlichen wie sanften Preußin geleitet. Wie sollte ich, verliebt in jene, die mir das deutsche ABC beibrachte, nicht auch vom ABC selbst verführt werden? Die Dinge, Landschaften,

Menschen, Tiere, Pflanzen – sie sind durch die Vermittlung jener Wörter in meinen Geist und mein Herz eingegangen, die ich aus dem Mund meiner schönen Lehrmeisterin lernte. Unter diesen Umständen hieß das phantasmagorische Land, in dem das Kind spielt, tanzt und träumt, für mich nicht ›jardin‹, sondern ›Garten‹, so wie auch meine unvergleichliche Lehrerin mit ›Fräulein‹ angeredet wurde und nicht mit ›Mademoiselle‹. Für die erste Weihnachtsfeier in ihrem Kindergarten vertraute sie mir die Rolle des Weihnachtsmannes an, und es bereitete mir keinerlei Mühe, den Text auswendig zu lernen, da die Worte mir eine Liebeserklärung zu sein schienen. Später brachte sie uns ein kleines Lied über den Rosmarin bei:

Statt Röslein brach sie Rosmarien:
Das nimm du, mein Getreuer, hin!
Lieg bei dir unter Linden,
Mein Totenkränzlein schön.

Das Wort *Rosmarin*, französisch ›romarin‹, kommt aus dem Lateinischen und bedeutet ›rose marine‹ (Meeresrose)[1] im Deutschen ist es aufgrund einer sehr freien (oder, wie so oft, irrtümlichen) Volksetymologie zu *Rosmarien*, das heißt zu ›Rose Mariens‹ geworden. Dieses ›Rosmarin‹, das sich vom französischen ›romarin‹ unterscheidet, rief in mir eine ganze Kette von Assoziationen hervor: die weißen Rosen im Garten einer Nachbarin, der Garten selbst und das Lächeln eines kleinen Mädchens, das ich dort spielen sah, dann die roten Rosen, die ich eines Tages in einem Friedhof erblickte, und auch die roten Backen der jungen Bäuerin, die mich zur

1 Die übliche Erklärung lautet: aus lat. rosmarinus = rosée de mer (Meerestau).

Schule zu bringen hatte, und endlich, als Allegorie des Sommers, eine majestätische Blondine (aus Preußen?), deren Profil sich vom Himmel eines Sonnenuntergangs abhob. Hätte ich das französische Lied vom Rosmarin gelernt, so wäre durch das Wort ›romarin‹ in mir das Bild jener »Nachtigall« evoziert worden, »die sich auf die Hand tät wagen«, um mir »drei Worte auf Latein zu sagen«. Was wäre in meiner Imagination mit dieser »Nachtigall« geschehen, und was mit jenen »Herren, die so gar nichts taugen«, oder mit den »Burschen, die noch weniger taugen«? So viel ist sicher: Das französische Lied hätte in mir weder dieselben Bilder noch dieselben Empfindungen, noch dieselben Gedanken ausgelöst wie die deutsche Version.

Jean/Hans Arp
Ich lebte mit fünfzehn oder sechzehn Jahren in den Vogesen

Ich lebte mit fünfzehn oder sechzehn Jahren in den Vogesen und sollte mich in der Einsamkeit auf ein Examen vorbereiten; statt dessen las und schrieb ich Gedichte …

Schon in jener Zeit bezauberte mich das Wort. Ich füllte Seiten um Seiten mit ungewöhnlichen Wortverbindungen und bildete ungebräuchliche Verben aus Substantiven. Ich gestaltete bekannte Verse um und deklamierte sie mit Hingebung und gehobenem Herzen ohne Unterlaß, fort und fort, als sollte es kein Ende nehmen: Sterne sternen manchen Stern, daß zum Zwecke Sterne sternen, walde walde manchen Wald, daß zum Zwecke Wälder walden, zacke zacke manchen Zack, daß zum Zwecke Zacken zacken. Der Mißbrauch der Unterlage ahndete sich oft grausam, und es erging mir wie dem Zauberlehrling in Goethes Gedicht. Erst viel später erkannte ich das tiefe Wesen solcher »sinnlosen Späße« und gestaltete dann bewußt solche Erlebnisse.

Ich wanderte durch viele Dinge, Geschöpfe, Welten, und die Welt der Erscheinung begann zu gleiten, zu ziehen und sich zu verwandeln wie in den Märchen. Die Zimmer, Wälder, Wolken, Sterne, Hüte waren abwechselnd aus Eis, Erz, Nebel, Fleisch, Blut gebildet. Die Dinge begannen zu mir zu sprechen mit der lautlosen Stimme der Tiefe und Höhe.

Jean Egen
Die elsässische Seele

Der Elsässer wünscht sich eine hundertprozentig französische Seele und drängt also die germanischen Impulse zurück. Sosehr er sich davon überzeugen möchte, daß er ein Franzose ist wie alle anderen, es genügt ein Witz über seinen Namen, seinen Dialekt, seinen Akzent, wenn er französisch spricht, um ihn daran zu erinnern, daß er eben doch anders ist. Seine Gefühle den ›Innerfranzosen‹ gegenüber sind die des Adoptivsohnes gegenüber den ehelichen Kindern. Seinen Minderwertigkeitskomplex gleicht er deshalb durch überhöhten Patriotismus aus. Zurückdrängen und Kompensieren schaffen natürlich Seelenkonflikte, deren bildlicher Ausdruck der ›Hans im Schnokeloch‹ ist. Hans hat germanische Züge und will es nicht eingestehen, Hans wünscht sich eine integral französische Seele, und die kann er nicht haben... Natürlich würde es genügen, wenn sich Hans mit dem zufriedengäbe, was er hat, nämlich seine Doppelnatur, sein Elsässertum, dann würde er dem Sumpfloch der Schnaken und Komplexe entweichen und hätte, was er eigentlich wünscht und braucht: Gleichgewicht und Seelenfriede. Es sei jedoch bemerkt, daß er das mehr und mehr selbst einsieht. Er beginnt heute zu begreifen, daß sein Anderssein ihn eigentlich nicht ärmer macht. Eine dreifache Kultur bedeutet zwar nicht unbedingt ein größerer kultureller Reichtum, aber es läßt sich schon etwas daraus machen, es erschließen sich mehr Quellen. Dem alten Schangala ist beispielsweise die elsässische Kultur Mutter, die französische Eheweib und die deutsche Mätresse. Seine ›kulturellen Modelle‹, wie die Gescheiten sagen, sind diejenigen des durchschnittlichen Franzosen: Leute wie Corneille, Racine, Johanna von Arc und De Gaulle; Dinge wie das Schloß von Versailles und die Guillotine, Champagner und ›Pommes frites‹, die Regeln der Mittelwörter und Stolpersätze wie ›*Chasseurs, sachez chasser sans chien*‹ – soll es einer einmal auf Anhieb nachsagen. Aber da sind auch Goethe und Schiller, Heine und Jean Paul, Auerbachs Keller und das Heidelberger Faß, ›der, des, dem, den‹ und andere Stolpersätze wie ›*In Ulm, um Ulm und um Ulm herum*‹.

Indessen gehören noch dazu ein gewaltiger Vorrat an elsässischen Schimpfwörtern und ein unerhört reichhaltiges elsässisches Glossarium, das sich auf männliche und weibliche Genitalien bezieht. Dennoch: Der Schangala hat drei Viertel seines Lebens im Schnakenloch verbracht, erst als er ein halbes Jahrhundert auf dem Buckel hat, wagt er sich heraus. Aber davon später.

Claude Vigée
E lapin isch e Haas

Nach dem Schulbeginn im Oktober sprach man noch einen Monat lang freimütig in der Mundart mit uns, aber nach den mühsamen Übungen mit Stöckchen und Schlingen verkündete unsere neue Lehrerin, Madame Zimmermann, daß

**Wissembourg (Weißenburg), an der Lauter,
Blick auf St. Peter und Paul**

wir nun endlich Französisch lernen würden. Wir öffneten die bebilderte Fibel auf der Seite mit dem hübschen Hasen, und sie sagte zu uns: »E lapin isch e Haas.« So lernte ich in der Schule mein erstes offizielles französisches Wort, zusammen mit etwa dreißig verblüfften Mitschülern, die losprusteten, als sie diese Neuigkeit vernahmen.

Bischweiler lag ja inmitten einer Hasenkolonie, jede Menge Hasen hoppelte nahe der Stadt durch das sandige Ried... Seit jeher kannten wir den Namen dieses Tiers, das man durch die Felder laufen sah... aber jetzt hatte er plötzlich zwei Namen – also keinen, der der richtige sein konnte! So flammten Zweifel an allen eindeutigen Benennungen von Personen und Dingen auf... Die meinem Ursprung nahe Welt, der Garten meiner Großmutter Coralie, das Spielzeug, die Möbel, das Haus, die ersten menschlichen Kontakte, dann auch die Menschen im »Laade«, den mein Vater von seinem Vater geerbt hatte: alle Schlüsselbegriffe gerieten ins Wanken... Die meisten von uns sahen sich zugleich mit der Entwertung und der Verachtung der Muttersprache konfrontiert, auf die plötzlich ein schwerer Argwohn fiel, und mit der Unwirklichkeit der Schulsprache. Letztere stellte nicht nur eine Maßregelung dar, sondern auch den erzwungenen Eintritt in die fremde Welt, die man nur vom Hörensagen und aus der Ferne kannte. Frankreich war anderswo.

Ein schwieriges Unterfangen, Französisch zu lernen, es in einem Umfeld zu schreiben und zu sprechen, wo eigentlich niemand sich seiner bediente... Was sausen die uns Kopf und Ohren voll mit ihren verflixten auswärtigen Sprachen, dachten die Dörfler. Das Französische und das Hochdeutsche kümmerten sie herzlich wenig. Es waren Fremdsprachen für sie. Und für die Bedürfnisse der täglichen Mitteilung war die ererbte Sprache mehr als genug. Zumal sie allein das Vergnügen des zwanglosen und ungezügelten Redens gewährte, »wie einem der Schnabel gewachsen war« ...

Adrien Finck
Letzte elsässische Deutschstunde

hier fand OTFRIED den deutschen reim
fremd ist die sprache nun geworden
hier sang GOTTFRIED der minne form
uns bleibt gestaltlos nur das schreien

hier lehrte TAULER lebenslehre
wer lebt denn noch in diesem land
und GEILER sprach von hoher kanzel
wer spricht denn noch ein wort davon

hier schickte BRANT mit schell und kapp
ad narragonia fort die brüder
was zögerst du ins alte schyff
auch unsre narren zu verladen

die patrioten und deutschtümler
und unsre eignen masken auch
des unvermögens und des schweigens
der unterwürfigkeit und scham

o hätten wir noch FISCHARTS gosch
in teutschen model schrecklich lustig
gargantua er hier vergoß
o hätten wir noch MURNERS krallen

hier feierte die deutsche lyrik
ihr frühlingsfest mit sturm und drang
der abend wiegte schon die erde
und an den bergen hing die nacht

hier brach noch STADLER auf hier schrieb
noch SCHICKELE die grenzen nieder
hier blühte spät das traumkraut GOLLS
und ARP schlug frühe purzelbäume

fremd ist die sprache nun geworden
wer lebt denn noch in diesem land
so hört ihr leut und laßt euch sagen
die schul ist aus geht brav nach haus

Sylvie Reff
Läwessproch/Lebenssprache

Sie paßt zum Einfachen
zu meinen Händen, zu deinen Augen
sie riecht nach Kinderhaar
nach Sommerwind, nach Wintersternen
Sie bringt die Welt zu uns
ganz frisch vom Baum ins Wort
in ihrem groben und so zarten Mund

sie ist zäh wie eine Wildkatze
sie hat tausend Winter zwischen ihren Zähnen
manchmal ist sie ein glatt-glänzender Rheinkiesel
und dann ein derber Rebenpfahl
sie ist – wie das tiefe Lied der Welt: nicht zu übersetzen
meine Liebessprache, meine Lebenssprache

mit deinen uralten Sorgensätzen aller Frauen, aller Zeiten:
Hat er mich noch gern und was koche ich morgen?
Hoffentlich wird es wieder gesund. Die haben gut singen,
die da oben!
Wenn es nur keinen Krieg mehr gäbe!
So etwas kann ein Mann nie verstehen. Im Frühjahr
setze ich Blumen.
Wenn ich wüßte, wo der Herrgott wohnt …

Summst tief im Blut wie ein Nest voll rotem Honig
bist eine bitter-schwarze Nuß, doch von den
Kindermündern
fließt du jung und süß wie Milch.
Paßt zum Einfachen,
zu meinen Händen, zu deinem Lachen
schmeckst nach Kinderhaar
nach Ewigkeit und nach frischem Brot.

Claude Vigée
Ich bin ein Elsässer Jude

Wenn ich Worte benutze, nicht nur wenn ich Gedichte schreibe, auch im Umgang so viel wie möglich, möchte ich eine lebendige Sprache pflegen, und in dem Sinn wurden mir zwei Sprachen zur großen Hilfe: die elsässische Mundart aus der frühesten Kindheit, mit ihrer urwüchsigen realistischen Substanz, – wo die Worte wirklich noch Dinge bedeuten und auf Dinge zudeuten wie mit dem Finger. Die Worte haben da eine Wirklichkeit, haben ein Schwergewicht, eine Intensität, die sie in den Kultursprachen wie im Hochdeutschen oder Französischen beispielsweise heutzutage nicht mehr haben. Es ist etwas Quellenartiges darin, das hat mir sehr viel dazu geholfen, mein Auge auf den Begriff einer lebendigen Sprache zu richten. Die andere Sprache ist die hebräische Sprache, aber die habe ich erst sehr viel später, in den 40er Jahren meines Lebens gelernt, nachdem ich 1960 nach Jerusalem gegangen bin. – Die hebräische Sprache war für mich wie eine Art Erleuchtung. In dem Sinne, daß eine Sprache nicht von den sinnlichen Wirklichkeiten der Welt getrennt sein kann.

Ich bin ein Elsässer Jude, also doppelt Jude und doppelt Elsässer!

Als Grenzländer stecken die Elsässer, in den letzten zwei-, dreihundert Jahren wenigstens, zwischen zwei großen Kulturimperien, der französischen Welt und der deutschen Welt. Die Elsässer können sich ja nie wohlfühlen in einer solchen Situation. Kulturell nicht, künstlerisch überhaupt nicht. Als Dichter oder Schriftsteller werden sie von beiden Seiten bedrängt; sie haben keinen Ellenbogenraum, sie können sich nicht frei, wirklich frei, bewegen. Es herrscht also irgendwie ein Unbehagen des französischschreibenden Elsässer Schriftstellers, so gut wie des deutschschreibenden! Und der Elsässer, der nur Dialekt schreibt, der weiß ja auch, was die Rechnung sein wird: fast kein Publikum. Also, wie er's macht, ist der Elsässer Schriftsteller in Schwierigkeiten. Wie er's macht isch's letz! Als Grenzländer ist er immer ein bißchen von hier und von dort. Und das Los der Juden in der Diaspora ist doch dasselbe, nicht wahr? Wenn ein Jude dazu noch ein Elsässer Jude ist, dann teilt er nicht nur das jüdische Los, sondern auch das Los des christlichen Elsässers, was die Sprache angeht, was das so oft bedrohte Nationalwesen anbelangt.

André Weckmann
Vom elsässischen Umgang mit drei Sprachen

unserainer het drej gsichter
met aim lüejt mr links
met aim lüejt mr rachts
met aim lüejt mr en sich
wunderts ejch dàss aim schwindli wurd debii

unsereiner hat drei Gesichter / mit einem schaut man nach links / mit einem nach rechts / mit einem in sich hinein / wundert's euch daß es einem schwindlig wird dabei
Nos trois regards. L'un posé sur l'un. L'autre posé sur l'autre. Le troisième scrute nos tréfonds. Nos trois regards et le tournis.

unserainer het drej seele
aini fer wàchse
aini fer ziddig ware
aini fer d arne
met wellere hàn mer s bescht genosse
fer welli ware mer selig gsproche

unsereiner hat drei Seelen / eine fürs Wachsen / eine fürs Reifen / eine für die Ernte / mit welcher haben wir das beste genossen / für welche werden wir einst selig gesprochen
Nos trois âmes. Se passant le relais des semailles à la moisson. Laquelle des trois nous apprit l'amour? Laquelle nous vaudra la félicité?

unserainer het drej sproche
aini fer des
aini fer zall
un aini fer nix
wells esch welli un welli eschs net
war nix net besser àls zall un des

unsereiner hat drei Sprachen / eine für dies / eine für das / eine für nichts / welches ist welche und welche ist's nicht / wär nichts nicht besser als dies und das
Nos trois langues. Deux se disent utiles. La troisième ne sert à rien. Mais l'utile l'est-il vraiment? Et ce rien, ne renferme-t-il pas le tout?

unserainer streckt sich em e schrej
drejfàch üsem kriz gerisse
unserainer labt trotzdem ewig
labt trotzdem glecklich
em rüsche vàm drejfàltige wend

Unsereiner streckt sich in einem Schrei / dreifach aus dem Kreuz gerissen / unsereiner lebt trotzdem ewig / lebt trotzdem glücklich / im Rauschen des dreifaltigen Windes
Nous. Ecartelés par notre cri. Nous, quand même. Indéracinables, indestructibles, heureux. Dans la plénitude de nos trois dimensions.

Glückliche Elsässer, die in drei Sprachen beheimatet sind: Elsässerdeutsch, Standarddeutsch und Französisch! wird sich ein mancher sagen. Oder sind es zweieinhalb, oder gar nur zwei, je nachdem der Linguist die sprachliche Autonomie des Dialekts einschätzt? Aber es geht ja hier nicht um Linguistik, sondern um Ausdruck und Kommunikation, und da hat sich in hundert Jahren das Elsässerditsch im konfliktuellen politischen und sprachlichen Wechselbad als die Konstante erwiesen, oft als Ersatz für Hochsprache, literarisch quasi als Hochsprache empfunden, als gemeinsamer Nenner des Elsässerseins.

Die angestammte Sprache der Elsässer ist Deutsch in seiner mundartlichen Ausformung Elsässerditsch. Unter Elsässerditsch versteht man das Fränkische im äußersten Norden und im Nordwesten, das Alemannische im größten Teil des Landes. Die Dachsprache Hochdeutsch ist schriftlicher Ausdruck der Elsässer seit der Erfindung der Buchdruckerkunst. Dies verändert sich allmählich nach der schrittweisen Eingliederung des Elsaß in den französischen Staat ab 1648. Französisch beginnt nach und nach Schriftdeutsch zu bedrängen. Die Umgangssprache bleibt aber das Elsässerditsch. In der Reichslandszeit, nach 1871, wird Französisch weitgehend ausgeschaltet. Nach der Rückkehr zu Frankreich, 1918, beginnt die große Offensive des Französischen in Schule und Öffentlichkeit, das sich dann nach 1945 endgültig als Schriftsprache der Elsässer behauptet und sich auch als Umgangssprache durchsetzt.

Die Elsässer haben also in hundert Jahren viermal die Staats- und Unterrichtssprache wechseln müssen. Und jedesmal wurde die eine oder die andere Sprache verdrängt, wenn nicht gar verfolgt, wie in der Nazizeit besonders, wo jedes ausgesprochene oder geschriebene französische Wort mit Geld- oder Gefängnisstrafe, oft auch mit Einweisung in das Sicherungslager Schirmeck-Vorbruck geahndet wurde. Sogar der Dialekt stand den Nazis im Wege, da es »das Ziel des Reiches sei, die Einheit auch in der Sprache anzustreben.«

Und nach 1945 wurde die Jugend bewußt und systematisch ihrer angestammten Sprache und Kultur entfremdet:

Die politische und kulturelle Geschichte des Elsaß wurde nicht unterrichtet; Mundartsprechen war in der Schule, einschließlich der Vorschule, bei Strafe verboten; Deutsch wurde wie eine Fremdsprache und erst ab der Sexta fakultativ unterrichtet; in den zweisprachigen Zeitungen mußten die Sparten Jugend, Sport, Mode und Kultur obligatorisch auf französisch erscheinen. Die Bevölkerung und ihre Gewählten reagierten nur schwach auf diese Maßnahmen: die Schockwirkung der Nazizeit saß noch zu tief. »Nie wieder Deutsch«, sagten sich viele Elsässer.

In den Jahren nach 1968 machten sich im Elsaß die ersten Ansätze zu einer Bewußtwerdung bemerkbar. Die Reaktion der elsässischen kulturellen Militanz gegen die zentralistische Staatsideologie wurde mit den Jahren immer konsequenter. Nach 1981 entkrampfte sich die Lage mit der Anerkennung durch die staatliche Schulbehörde der Regionalsprache Deutsch in ihren zwei Komponenten: Elsässerditsch und Schriftdeutsch. Der elsässischen Forderung, paritätische deutsch-französische Züge in den Vor- und Grundschulen einzuführen, kommt die Behörde aber nur zögernd nach.

Heute, Sommer 2000, ist die sprachliche Situation des Elsaß folgende: Elsässerditsch ist, oft abwechselnd mit Französisch, die Umgangssprache von schätzungsweise 60 bis 70% der erwachsenen Elsässer. Man schätzt, daß nur noch 15 bis 20% der Schulpflichtigen Elsässerditsch verstehen. Französisch ist Schriftsprache, Verwaltungssprache, Schulsprache, Mediensprache. Hochdeutsch war bei uns noch nie Umgangssprache, und als Schriftsprache steht sie im Abseits.

Sprache ist im Elsaß also keine Selbstverständlichkeit, Sprache muß immer wieder erkämpft werden, beschützt werden, mal die eine, mal die andere. Sprache ist Macht oder Ohnmacht, je nach den geopolitischen Verhältnissen. Die literarische Verwendung von Sprache wird im Elsaß immer wieder zum Politikum: Literatur in Hochdeutsch oder Elsässerdeutsch wirkt spracherhaltend. Oft auch steht ihnen Französisch bei. Es gibt im literarischen Bereich keinen Kampf der einen gegen die andere Sprache. Die elsässischen Literaten gehen nicht auf Kollisionskurs: hie Französisch, hie Deutsch. Sie praktizieren den Konsens, das sprachliche Zusammenleben.

Wie funktioniert nun die elsässische Zweisprachigkeit bei meinen bilingualen Landsleuten? Fangen wir mal mit Französisch an. Das fließt und fließt, bis sich plötzlich eigenwillige Stämme querlegen, Geäst und Wassergras ansammeln, einen Damm bilden und so den französischen Fluß unterbinden. Und jenseits quillt's dann elsässisch aus dem Grundreservoir. Manchmal birst der Damm, und die Fluten verschlingen den heimischen Singsang. Manchmal hält er, und der Elsässer planscht genüßlich im erfrischenden Bad.

Ja, wie funktionieren die Sprachen in uns? Erklär mir das einer. Warum dieser ständige Wechsel von der einen zu der anderen? Ist es Lust, ist es Laune, ist es Bequemlichkeit, ist es Laxheit? Da liegt das gesamte Sprachmaterial aus zwei Standardsprachen und einem Dialekt auf dem Stammtisch, an dem wir unsere Umwelt analysieren, gestalten, genießen. Wie stellen wir nun das Menü auf? Was eignet sich besser als Entrée: Ziwwelsupp oder Bouillabaisse? Wozu hätten wir jetzt Lust? Oder funktioniert das so: Was liegt in welcher Sprache vorn, griffbereit, was läßt sich leichter benutzen, was ist sperriger und legt sich quer, den Fluß dieser Sprache hemmend, so daß die andere zum Auslauf kommt und die Aussage bestimmt? Fragen wir doch einen Linguisten. Oder besser, fragen wir ihn nicht und freuen wir uns an dem Potpourri – solange wir noch dazu fähig sind.

Unsereiner hat drei Sprachen. Aber die eine ist die Ursprache, aus der wir geboren sind. Unsereiner hat drei Gesichter. Aber eines ist der Spiegel, in dem sich die anderen reflektieren. Unsereiner hat drei Seelen. Aber ohne die eine wären die anderen nur leeres Gehäuse.

André Weckmann

laei mi en e wàrmi sproch
geniëss se wine siëssi send
umis rum de straeichelwend
het keschtebrüni hoor

mich in eine warme sprache kuscheln, sie wie eine süße sünde genießen. der streichelwind um uns hat kastanienbraunes haar.

Vogesen: Blick vom Col de la Charbonnière über Nebeltäler zur Haut-Koenigsbourg (Hochkönigsburg)

Von drei Kriegen

Zwei Volkslieder

O Straßburg, du wunderschöne Stadt

O Straßburg, o Straßburg, du wunderschöne Stadt!
Darinnen liegt begraben so manicher Soldat.

So mancher und schöner, auch tapferer Soldat,
Der Vater und lieb Mutter böslich verlassen hat.

Verlassen, verlassen, es kann nicht anders sein,
Zu Straßburg, ja zu Straßburg Soldaten müssen sein.

Der Vater, die Mutter, die gingen vor's Hauptmanns Haus:
Ach Hauptmann, lieber Herr Hauptmann, gebt unsern Sohn heraus!

Euern Sohn kann ich nicht geben für noch so vieles Geld,
Euer Sohn und der muß sterben im weit und breiten Feld.

Im weiten, im breiten, im weit und breiten Feld,
Wann auch sein schwarzbraun Mädchen so bitter um ihn weint

Sie weinet, sie greinet, sie klaget gar zu sehr:
Adje, mein liebes Schätzchen, wir sehn uns nimmermehr!

Zu Straßburg auf der Schanz

Zu Straßburg auf der Schanz,
Da fing mein Unglück an,
Da wollt ich den Franzosen desertiern
Und wollt es bei den Preußen probiern.
Das ging nicht an.

Eine Stund wohl in der Nacht
Haben's mich gefangen bracht.
Sie führten mich vors Hauptmanns Haus,
O Himmel, was soll werden draus?
Mit mir ist's aus!

Früh morgens um zehn Uhr
Stellt man mich dem Regimente vor.
Da soll ich bitten um Pardon.
Und werd doch kriegen meinen Lohn,
Das weiß ich schon.

Ihr Brüder allzumal,
Heut seht ihr mich zum letztenmal.
Unser Korporal, der gestrenge Mann,
Ist meines Todes schuld daran,
Den klag ich an.

Ihr Brüder alle drei,
Ich bitt, schießt allzugleich!
Verschont mein junges Leben nicht,
Schießt, daß das rote Blut rausspritzt,
Das bitt ich euch!

O Himmelskönigin,
Nimm du mein Seel dahin!
Nimm sie zu dir in Himmel hinein,
Allwo die lieben Englein sein,
Vergiß nicht mein.

André Weckmann
Helme

Drei Helme
hab' ich daheim.
Aus dem französischen
saufen die Hunde,
aus dem deutschen
saufen die Katzen,
aus dem amerikanischen
die Hühner.
Alle drei haben ein kleines Loch
drei Zentimeter unterm Rand.
Was zuviel ist,
läuft daraus ab.

1870: Froeschwiller
1915: Hartmannswillerkopf
1940: Ligne Maginot
Nov. 1944-März 1945: Schlachtfeld Elsaß

René Schickele
Die roten Hosen

Das Schlachtfeld von Gravelotte.
Rotverhängter Horizont ist nah.
Manchmal ein Ruf, Gewimmer,
und als ob Kinder riefen
in der Stille.
Zwei Männer winken.
Ein Leichenwagen kommt im Trott,
Blut schwitzt durch schwarze Bretter.
Der Tirailleur, der heiser schrie: *sauf … sauf …*
bekommt nun zu trinken,
er grinst mit klappernden Zähnen.
Dann wird ein kleiner toter Soldat in roten Hosen
auf den Karren zu den andern gestoßen.
Aus dem Anzug fällt ein Pack von Briefen
in eine Lache Blut, und plötzlich schwimmen da
zwei welke Rosenblätter.
Ein preußischer Doktor bückt sich und liest
halblaut durch seine Brille:
Deine Mudder und ich lieben dich, mein Schads!
Wir befelen dich immer
unter den Schudsmandel Maria.
Anastasia Stampf, Gertweiler bei Schlettstadt,
am 25. Heimonath 1870.
Die blasse Schrift weint rote Tränen
und zerfließt.

Friedrich Lienhard
Die Preußen kommen!

Dann kam der 6. August [1870]: die Schlacht von Woerth!

Das Schlachtfeld war reichlich fünf bis sechs Stunden entfernt. Doch der dumpf herrollende Donner der Kanonen und das schwarze Gerücht eines schweren Kampfes drangen rasch in unser entlegenes Bauerndorf. Und dann kamen die ersten flüchtigen Franzosen das Dorf herab – für uns Kinder ein unheimlicher und unfaßlicher Anblick! Sie drängten sich um den Steintrog des Dorfbrunnens, tranken, wuschen sich, bettelten weiterwandernd um etwas Speise – und hatten auf den Lippen immer das stumpfe, eintönig wiederholte »Tout est perdu!« Alles verloren!

Die Bestürzung in unsrer Ecke war unbeschreiblich. Die Preußen – so lief es von Mund zu Mund – schonen weder Mann noch Weib, besonders nehmen sie die jungen Männer mit! Darum auf in die Berge! Das Beste wurde versteckt oder vergraben, das Nötigste aufgerafft und mitgenommen. Für uns Jungens ein Heidenspaß! Meine Mutter trug meinen jüngeren Bruder Albert auf dem Ärm, einen »Einjährigen«, der demnach ebenso wie ich mit einer Flucht in den Wald die neue deutsch-elsässische Epoche begann …

Bald schickte mein Vater, der inzwischen zu Hause die Sieger erwartete, einen Boten in den Wald: »Kommt nur wieder heim, die Preußen tun euch nichts!«

Nun rollte Tag und Nacht, Nacht und Tag in großartiger Ordnung der endlose Heereszug der deutschen Sieger an uns erstaunten Elsässern vorüber. Himmel, welche unerschöpfliche Nation! Nimmt denn das gar kein Ende?! Immerzu das harte Getöse marschierender Truppen, das Getrappel der Reiterei, das Rollen, Rasseln, Stoßen der Kanonen und Trainwagen. Wir hatten Haus und Scheune gestopft voll Einquartierung. Wie manchem deutschen Offizier hab' ich auf Knien und Schultern gesessen! Einmal stülpte mir einer seinen Helm über, den ich freilich mit den Händen emporhalten mußte, und schnallte mir seinen Säbel um; so stolperte ich stolz in die Küche zu meiner immerzu kochenden und backenden Mutter, die aus den Aufregungen gar nicht mehr herauskam …

So rauschte das große Ereignis wie ein Hagelschlag über uns Elsässer hin, zwar verwüstend, aber auch aufrüttelnd und umgestaltend.

Otto Flake
Im ersten Monat: August 1914

Um Mitte August erzählte man sich in Straßburg, daß die Franzosen über Saarburg hinausgedrungen und in Pfalzburg erschienen waren.

Heute hat sich jeder genug strategisches Verständnis erworben, um zu wissen, daß solche Vorstöße nichts Endgültiges sind, aber damals herrschte große Besorgnis. Die Zeitungen schwiegen. Dann begann man von einer Schlacht zu sprechen. Wer vor die Tore ging, vernahm bei gutem Wind ein fernes Gewittergrollen; da es ununterbrochen und regelmäßig war, konnte es nur der Donner der Geschütze sein.

Es hieß, die Franzosen griffen an, und diesen Durchbruch zwischen Metz und Straßburg nahm man ernster als den Einfall ins Oberelsaß – das war ein Stoß, der schon ins Herz Deutschlands zielte. Gelang es, ihn aufzuhalten?

In dieser Ungewißheit reiste ich mit meinem Freund nach N. ab, das am Ausgang der lothringischen Vogesen lag, kaum zwanzig Kilometer von Pfalzburg entfernt.

In N. hatte ein Straßburger Professor ein Etappenlazarett übernommen, und mein Freund, ein elsässischer Mediziner, sollte in einem Nachbardorf ein Nebenlazarett einrichten; ich spielte die Rolle eines Gehilfen.

Wir fuhren mit einem Militärzug; aber er hielt dann nicht in N. Erst kurz vor Zabern konnten wir aussteigen, und nun hieß es, sich selbst weiterzuhelfen.

Endlich trieben wir einen Bauern auf, der bereit war, sein letztes mageres Pferd vor ein Wägelchen zu spannen. Es wurde noch ein Brett übergelegt, und wenn sich einer neben den Bauern setzte, war ein Platz frei.

Es fand sich auch ein Mädchen, das froh war, seinen guten Staat, den es nach Art des Volkes zur Reise angelegt hatte, vor dem Staub der Landstraße zu schützen.

So fuhren wir in den elsässischen Abend hinein, auf die ersten Hügel zu. Zwischen Obstbäumen und Pappeln lagen graue Dächer. Es war die Gegend des Bastberges, auf dem einst Goethe stand und das Elsaß schön und reich wie einen Garten fand. Von ihm führte ein natürlicher Gedankengang zu der schicksalsvollen Schlacht zurück, die man fast vergessen hatte.

Wie, wenn plötzlich fliehende Reiter auftauchten, Deutsche, und hinter ihnen die wilde Jagd der Zerstörung? Man glaubte es nicht, aber es war ja auch nicht unmöglich.

Und nun empfand man die verhaltene Stille der Landschaft, ihr angstvolles Lauschen, in der ihre Milde und Fruchtbarkeit starben, als ob sie nie dagewesen wären.

Das erste Dorf öffnete sich. Auf dem Kirchturm war eine Lazarettfahne herausgesteckt, seine Glocke schlug sieben, aber sie läutete nicht wie sonst den Abend ein.

Es war gut, in dieser Stille ein paar lebende Wesen zu sehen, Menschen, die über die Straße gingen, Hühner, die auf dem Miste kratzten. Kläglich rollte der Wagen dahin. Da plötzlich hinter uns ein Tuten. Wir bogen aus, ein Auto raste heran.

Vorn, von dem runden, gepanzerten Bug wie von einer Brustwehr geschützt, zwei Soldaten, deren Gewehre gleich zwei starren Lanzen aufgesetzt waren, hinten der Professor. Er war ein junger Mann, sein braunes, wallendes Haar flog frei im Winde. In der Hand schwang er einen französischen Kürassierhelm, einen der gelben, pompösen Helme mit der schwarzen, hängenden Strähne, die seit den Zeiten des Kaisers unverändert geblieben sind, als seien hundert Jahre nur ein Tag gewesen. Er schwenkte ihn und schrie, sich zu uns zurückwendend: »Vom Schlachtfeld aufgehoben, Sieg, Sieg!«

Mit einem Schlag war die Welt verändert. Die Straße füllte sich mit Menschen, die einander aus den Häusern riefen; die Kamine rauchten, der Abend war voll Wärme und Duft; durch die Luft strich der Flügelschlag des Geschehens.

Und wenn auf dem Lande auch nicht geläutet werden durfte, man wußte: in Straßburg schwangen sich in diesem Augenblick die Wellen vom Münsterturm herab in die alten Gassen, und die Gassen waren farbig vom Schmuck der Fahnen.

Das war die erste Nachricht des lothringischen Sieges.

Suzanne Oswald
Als mein Großvater, Pastor Louis Schweitzer, französische und deutsche Soldaten begrub

Am 19. August 1914 haben die Männer von Günsbach die ersten deutschen Gefallenen im Walde geholt, und Großvater hat sie begraben. Jahrelang geht es weiter: Das Sterben von Soldaten an der Front, die stellenweise nur drei Kilometer vom Dorf sich hinten im Günsbacher Tal über die Berge zog, von Verwundeten im Lazarett des Dorfes, von Einwohnern, die von einschlagenden Granaten getötet oder verwundet wurden ... und der alte Pfarrer hat begraben – begraben – begraben. Oft hielt er sonntags drei Gottesdienste, einen in Günsbach, einen in dem zur Pfarrgemeinde gehörenden, auf der anderen Talseite gelegenen Griesbach – wenn wegen Beschießung der Straße die Griesbacher nicht zur Kirche kommen durften, und oft noch einen Gottesdienst für die Soldaten. Von all diesen Gottesdiensten hat Großvater die Texte aufgeschrieben. Wie waren sie auf die Angst und den Kummer seiner Pfarrkinder abgestimmt! Wenn die Griesbacher nicht kommen durften, so kam ihr Pfarrer zu ihnen. Wie oft hat Großvater das Tal durchquert, während die Granaten über ihn hinwegorgelten, um einem Sterbenden das Abendmahl, einem Schwerkranken Trost zu bringen oder Konfirmandenunterricht zu halten!

Er führte eine lebhafte Korrespondenz mit den Günsbacher Männern, die in Frankreich und Rußland standen – (später waren sie alle an der Ostfront, man traute den Elsässern nicht mehr). Er schrieb den Frauen und Eltern der Soldaten, die er begraben hatte, und es war dies wohl die einzige ausführliche Nachricht, die sie über den Tod des Gatten oder Sohnes erhielten. Dann kam die Zeit, da in die Günsbacher Familien jene Briefe zurückkamen, auf denen

Bei Saverne (Zabern): – Betbur, romanisches Kirchlein bei Kleingoeft

es hieß: »Gefallen für das Vaterland.« Viel gab es da zu trösten und mitzutragen am Leid der Zurückgebliebenen … Schweren Herzens hat Großvater die 17jährigen seiner Gemeinde ziehen lassen, die einrücken mußten und sich von ihrem Pfarrer, der sie getauft und konfirmiert hatte, verabschiedeten. – Das Haus war bis unters Dach voll Einquartierung, »min Gretele« mußte sich wacker anstrengen, um immer noch eine Schlafgelegenheit mehr herzuzaubern, der Stabskoch herrschte in Großmutters Küche. Als die Nüsse geerntet wurden, hoben quer durch die Wiese die Soldaten Schützengräben aus.

Jahrelang tobte der Kampf um Bergkuppen, auf denen kein Baum mehr stand, auf denen jeder Fußbreit Boden von Geschossen durchpflügt war; sie wurden im Sturm genommen und wieder verloren, und Tausende starben um sie. Die Heeresberichte, die Großvater genau las, widersprachen sich. Verzweifelt schreibt er: »Ich kann die Wahrheit nicht entdecken, in der Flut der Gerüchte …«

Adrienne Thomas
Die Katrin wird Soldat

27. September 1914. Auf der Bahn zwei endlos lange Verwundetenzüge. Unfaßbar die gute Stimmung der Leute. Sie liegen in Viehwagen auf Stroh, nur ganz wenige haben Dekken, und es ist schon ziemlich kalt. Es ist schaurig, wie sie da liegen. Von Lazarettzügen habe ich bis jetzt nur gehört, gesehen noch keinen einzigen. Die Nachtwachen erzählen, daß manchmal welche durchkommen. Wenigstens tun unsere warmen Getränke und die gute Suppe den armen Teufeln einen kleinen Dienst. Jetzt ist endlich auch noch eine Feldküche auf dem Bahnhof gebaut worden, weil wir unmöglich alles allein schaffen können. Wir sollen mit dem Koch der Feldküche zusammenarbeiten. Der Kerl ist nur so über alle Begriffe dreckig. An den zweiten Verwundetenzug liefert er schon seine Suppe mit. Unsere ist natürlich weitaus begehrter. Er hat »Blauen Heinrich« in seinen Eimern drin. »Friß du dat man selwers!« stellt ihm ein Soldat anheim.

Mehr noch als aufs Essen stürzen sich die Verwundeten auf die Feldpostkarten. Metz ist ihr erster Aufenthalt. Da will jeder gleich den Wartenden daheim Nachricht geben. Manche können es nicht selber besorgen; aber wir sind gern dazu bereit, und wir haben alle gelernt, ohne jegliche Hilfe fließend die unorthographischsten Karten zu schreiben. Heut hat mir einer diktiert, er habe einen Streifschuß an der Schulter und einen am linken Hinterfuß. Ein andrer verhandelte mit mir: »Fräulein, 's is an mei' Frau – Sie werde schon wisse, was mer so an e Frau schreibt.« Ich sitz auf der Coupétreppe und weiß gar nichts. Nicht mal den Namen. Zögernd kommen die erbetenen Anhaltspunkte: »Na, sie soll sich nit graule und nit heule und nit der ganze Tag mit dene Weiber auf der Trepp' stehn und tratsche. Und wenn sie nit Obacht gibt auf das, was ich ihr sag, hau ich ihr den … voll.« – »Wollen Sie ihr nicht dafür lieber schreiben, daß und wie Sie verwundet sind?« – »Von mir aus schreibe Sie's als. Und e scheener Gruß ans Kind.« In diesem Sinne drücke ich mich denn auch unter Vermeidung jeglichen flüssigen Stils und des zu verhauenden Körperteils aus, und der Mann, der übrigens sehr nett und gemütlich aussieht, ist hochzufrieden mit mir. Ich schau aber doch, daß ich weiterkomme.

4. *Oktober 1914*. Heut war es sehr ruhig auf der Bahn. Nur fünfundachtzig Kriegsfreiwillige als Nachschub. Sie wurden in der Feldküche verpflegt, die viel zweckentsprechender ist als unsere Rote-Kreuz-Küche, deren hauptsächlichster Mangel darin besteht, daß sie eben doch nur im-

provisiert ist. Vorn ist eine große gepflasterte Halle mit Holztischen und Bänken, also fast ein kleines Restaurant. Wir sind angewiesen, in der Feldküche nötigenfalls zu helfen. Nun, gar so nötig war es heute nicht, aber wir blieben gern drüben in der schönen Halle, auch als die Freiwilligen längst verpflegt waren. Sie kamen alle frischweg vom Pennal, die jungen Karlsruher, Mannheimer, Freiburger, waren acht Wochen in Kehl bei Straßburg ausgebildet worden und nun ganz toll vor Freude, daß es raus gehe. Sie wissen nicht, was das heißt, und wie man von draußen zurückkommen kann. Aber ich weiß es und begreife nicht: draußen sind schon Menschen, ihresgleichen, bereit, auf diese übermütigen Schulbuben zu schießen...

Otto Flake
Abschied vom Elsaß: 1918

Erschütterung blieb aus, als ich in französischen Blättern vom Jubel der Elsässer las, aber Erschütterung kam, als in schweizerischen Zeitungen neutrale Augenzeugen vom Freudentaumel der Mülhauser berichteten.

Und Erschütterung war Bitterkeit, sich richtend nicht gegen die nun verlorene Heimat, nicht gegen das Geschick, den Prügeljungen, auf den man die eigene Verantwortung ablädt, sondern gegen Deutschland.

Feig wäre es, würde mir versagt, solche Bitterkeit auszusprechen. Für Deutschland wählend, habe ich das Recht dazu. Wie schön war das Elsaß. Berge in Granit, Hügel in Sandstein, Landschaft in Wasser und Grün, Städtchen im Duft des Mosts, Straßburg, dessen Münster im Morgenrot dolomitenhaft erglühte.

Unterlindenkloster Kolmars, bergend das Stärkste deutscher Kunst, Schlettstadt der Humanisten, Reichsstadt Kaysersberg, uns *war* es deutsch, uns, den paar elsässischen Dichtern. Aber andere lebten dort, die es deutsch *nannten* und aus der Benennung erwuchs all das Tragische, die Herausforderung, der Hochmut, die Unduldsamkeit, der Beweis und das Bekehren. Die Oberlehrer, die Kommersredner, der Vogesenklub, die Kriegervereine, die Zeitungsschreiber waren stärker als wir.

Denn wir fühlten die Dinge menschlich ohne Zweckhaftigkeit des Nationalistischen, und neben der Vergangenheit des alten Reichs übersahen wir nicht Wirkung von zweihundert Jahren französischen Einflusses, nicht im Blut und nicht im Aufbau der Städte. Uns stand das Rohanschloß nicht fremd neben dem Münster. So wußten wir, daß 1871 nicht ein Recht, sondern eine Pflicht begründete: Pflicht, den »wiedergewonnenen Bruder« in die Familie aufzunehmen, Geduld – mehr! – Verständnis – mehr! – Liebe zu haben, Brüdern gleiches Recht zu geben, Gesinnung nicht vorauszusetzen, sondern zu gewinnen.

Wir wußten es und *wir bekannten es*; wir entfesselten die Diskussion, und es halfen uns Elsässer, die ihrem Land das Unglück ersparen wollten, noch einmal Seelisches und Materielles umschalten zu müssen; es halfen Franzosen selbst, denen die so teuren Provinzen nicht den Völkermord wert waren, voran der edle Jaurès, der die Formel schuf: ein autonomer Bundesstaat Elsaß-Lothringen ist die Aussöhnung.

Aber das deutsche Volk las nicht unsere Bücher, sondern Romane, die ihm schmeichelten; das obligate Elsässermädchen heiratete den obligaten deutschen Offizier, und ein bürgerlicher Eros deckte das Problem mit Flügeln, die grotesk dem Reichsadler entlehnt waren.

Drangen wir auf den Geist, sprach ein deutscher Anwalt

von der Straßenreinigung, den prunkenden Bahnhöfen, dem Wasserklosett und dem Telephon, daß wir den Elsässern gebracht hätten.

Das Reich war stark, aber es war lieblos. Fünfundvierzig Jahre Zeit und unfähig, Neigung zu gewinnen – in einem Land, das so deutsche Anlagen hatte, nur als deutscher Stamm seinen Charakter zurückgewinnen konnte! Aber weil die Liebe fehlte, ist jetzt Erinnerung der Elsässer an die deutsche Herrschaft nur Erinnerung an das Dröhnen des Kommißstiefels, werfen sie sich Frankreich in die Arme, dessen Sprache ihnen Mühe macht, das ihnen nicht erlauben wird, eigenwilliger Stamm mit Zügen zu sein, in denen sich Gottfried von Straßburg, Gailer von Kaysersberg, Martin Schongauer, Johannes Fischart fortgesetzt hätten.

Tragisches, bitteres, grausames Zuspät! Im ersten Jahre des Krieges verabredete man Verteilung der Habe des Bruders: niemand widersprach, denn die Zensur knebelte. Im dritten Jahre des Krieges kehrte man opportunistisch zur Autonomie zurück, und sie war fertig bis auf die Unterschrift – die Unterschrift wurde nie vollzogen. Wer verhinderte sie? Auch das gehört zur Frage nach den Schuldigen im Krieg, sie soll nicht vertuscht werden.

Was bleibt uns? Die Reue, die Entschlossenheit, moralische Bilanz zu ziehen, die Lehre – einziger Gewinn, furchtbar teuer erkauft. Schwur, nichts so unerbittlich zu hassen als Gewalt, nichts so inbrünstig zu suchen als Geist, Menschlichkeit, Gerechtigkeit, das Reich, auf das sich verwiesen steht: der Besiegte.

René Schickele
Dies hier ist ein Durchgangsfriedhof

Neben der Straße erschien ein Friedhof mit einer Unmenge von nassen, weißen Kreuzen, ein Viereck, sauber abgestochen, die Kreuze gerichtet, als hätten die Gräber sich zur Parade aufgestellt und präsentierten statt längst verrosteter Gewehre die frischen, kleinen Kreuze ... Dem einen Friedhof folgte in der gleichen Haltung ein zweiter, ein dritter, die Kinder hörten auf zu zählen.

Eine Tafel stand am Weg, der Wagen fuhr langsamer, und auf der Tafel stand geschrieben: *Ceci est un cimetière de passage.* Dies hier ist ein Durchgangsfriedhof ... Der Wagen hielt an, wir stiegen aus, und nun begingen wir langsam das gemeinsame Grab von sechzigtausend Männern, Franzosen und Deutschen.

Den Unterschied zwischen Freund und Feind hatten sie selbst verwischt, wie sie ineinander eingedrungen waren, sich miteinander durchsetzt hatten, sie lagen, wo sie gefallen waren, unlöslich verstrickt und Schicht um Schicht übereinander geworfen und zugedeckt vom jahrelangen Ausbruch des Berges. Sie trennen? Gerade so leicht hätte man den Berg gespalten ...

Im armseligen Wald zauberte ein Schweigen, gleich unter den ersten Bäumen krochen, vermoost, immer tiefer zerfallend, mit einem ergreifend zarten Ausdruck von Mimikry die kleinen Kreuze hervor, die einsamen, verstreuten, dort, wo ein Mensch allein gestorben war. Überall gingen die Unterstände, Laufgräben und Bastionen die Versöhnung mit der Erde ein, die Blechdächer versanken in den von den Jahreszeiten aufgerührten Boden, in üppiges Gras, zwischen Hecken, die sich überschlugen. Ein Schweigen hatte begonnen und ein neuer Wald und ein Sommer, der sein Licht darüber hielt. Und dies, ich erkannte es plötzlich mit einem Gefühl von Schmerz, dies alles verriet eine heimliche Verwandtschaft mit der schwebenden, halbverwehten, im verzehrenden Licht lächelnden Aggie – die nur durch die geringe, heftige Farbe des Lebens an Kopf und Füßen unter uns festgehalten schien... Und mir wurde klar, daß ich sie liebte wie eine Kranke, die einem unter den sorgenden Händen zu erlöschen droht. Ich sah sie an, und als ahnte sie meine Gedanken, nickte sie mir zu, mit einem Ausdruck von Trauer, der zugleich flüchtig war und tief.

Indessen ging, je höher wir stiegen, die verstummte Schlacht weiter, das Netz der Gräben verstrickte sich ineinander, die Unterschlupfe wurden zu Bergwerken.

Auf schweren Betondecken lagen noch einmal Schutzbalken, Erde, Steine, und die Gräber selbst nahmen das Wesen der Befestigung an. Umklammert von Wällen, in Stacheldrähte eingewickelt, erhoben sie sich aus dem Geröll zerschmetterten Betons und kleingehackter Felsen. Der Unterschied zwischen dem Unterschlupf der Toten und dem der Lebenden konnte einst nur gewesen sein, daß die Toten erlöst unter einem Kreuz ruhten, auf dem ihr Name stand, indes die Lebenden ihr Kreuz noch auf den Schultern trugen und namenlos litten.

Schritt um Schritt drangen wir in die stumpfsinnige Gewaltsamkeit dieses Ringens ein. Sicher waren hier auf den paar tausend Quadratmetern bebender Erde, in den Dachsgängen zehn, zwanzig Meter unter dem Boden alle Heroismen geschehn, deren der Mensch fähig ist, sicher alle Gedanken gedacht worden und nicht zuletzt auch der Wahnsinn dessen, was geschah. Aber was übrigblieb, erschien uns auf einmal würdelos, fast komisch und leider Gottes doch, vom menschlichen Laut verlassen, genau das Sinnbild des Krieges: eine umgestürzte Maschine, wie man sie zuweilen bei verlassenen Erdwerken findet, die Maschineneingeweide waren an den Tag getreten und lagen verkrümmt und verrostet da: ein Riesenwerk, hochfahrend begonnen, unter den größtmöglichen Qualen fortgesetzt, schließlich doch im Stich gelassen. Die Sonne machte es offenbar.

Und der Wald spann seine grünen Fäden darüber.

Tomi Ungerer
La drôle de guerre

1.

Es war wirklich *la drôle de guerre*, ein ›Sitzkrieg‹; die oft unrasierten Frontsoldaten, manche noch in den blauen Uniformen des Ersten Weltkriegs, Pfeife rauchend, an den Waden Wickelgamaschen, mit aufgeknöpfter Jacke, prahlend, daß die Maginot-Linie unüberwindbar sei und vor den Hunnen schützen würde, standen sich die Beine in den Bauch und trällerten »J'attendrai, le jour et la nuit, j'attendrai toujours« (»Ich werde warten Tag und Nacht, ich werde warten immerzu«), nicht ahnend, daß sich das Warten vier Jahre lang hinter den Stacheldrahtzäunen der Stalag-Gefangenenlager hinziehen würde.

Daß die Deutschen kämen, konnten wir uns nicht vorstellen, denn wir wußten, daß Frankreich stärker war, daß es gewinnen würde. »Sie werden nicht einmarschieren, wir werden siegen, weil wir die Stärkeren sind«, wurde gesagt.

Ich bin mit den Büchern von Hansi aufgewachsen, dem großen, leider chauvinistischen Elsässer Zeichner. Der größte Teil meiner Zeichnungen aus jener Zeit verrät übrigens den starken Einfluß dieses Künstlers.

Die alten Germanen, die saßen
An beiden Ufern des Rheins,
Sie saßen auf Bärenpelzen
Und tranken immer noch eins.
Da kam eines Tages zu ihnen
Ein Römer mit freundlichem Gruß.
Heil Hitler, rief er,
ich bin der Ta(ha)citus!

2.

Die Deutschen?

Man stelle sich meine Verblüffung vor, als sie wirklich einmarschierten.

Zuerst Kräder mit Beiwagen, dann die Infanterieeinheiten, diszipliniert singend, mit schönen Stiefeln an den Füßen, richtigen Rucksäcken, richtigen Gewehren.

Ich stand mit meiner Spielzeugpistole vor dem Haus, ich warf sie zu Boden, da ich Angst hatte, für einen Freischärler gehalten zu werden. Es war Juni 1940, um die Mittagszeit, es war heiß. Das Regiment macht vor dem Haus Rast, die Gewehre werden zusammengestellt, eine von einem Pferd gezogene Feldküche trifft ein. Mit einem breiten Lächeln bietet mir ein Soldat an, von seiner Suppe zu kosten. Zum erstenmal in meinem Leben sah ich richtige Soldaten. Im Gleichschritt, singend, zogen sie weiter. Es waren nicht die Hunnenhorden, die Hansi uns angekündigt hatte, und zu allem Überfluß waren sie sympathisch. Ich stolperte über mein erstes Fragezeichen.

Am Montag, dem 17. Juni 1940, marschierten die Deutschen in Colmar ein.

Oberst Koch, Kommandant des Sturmregiments ›Adolf Hitler‹, verlangt die sofortige Lieferung von 2300 kg Brot, 557 kg Wurst, 290 kg Butter, 7 kg Tee, 23 kg Kaffee, 290 Liter Rum und 23 000 Päckchen Zigaretten, zusätzlich zwanzig Geiseln, vorzugsweise frankophile Beamte.

Die Soldaten ihrerseits leerten als gute Kunden die Geschäfte, denn der Franc war auf 5 Pfennige festgesetzt worden! Sie fühlten sich wie Gott in Frankreich.

Am 16. Juli wurden alle Juden, die noch da waren, auf die Polizei bestellt. Mit einem Koffer, 2000 Francs, Essen für vier Tage und dem Verbot, Schmuck oder Eheringe aus Gold zu tragen, wurden sie mit Lastwagen nach Frankreich gebracht.

Sie wurden von den Deutschen nicht in Konzentrationslager transportiert, wie sonst in Europa. Es war die französische Polizei, die die Juden später zur Vernichtung auslieferte.

Die französischen Beamten und die ›volksfeindlichen‹ Elsässer wurden anschließend unter ähnlichen Umständen von den Deutschen nach Frankreich ausgewiesen.

Innerhalb eines Jahres sollte Colmar ein Drittel seiner Bevölkerung verlieren. Läden, Wohnungen, Möbel wurden beschlagnahmt.

Es gab also überhaupt keine Wohnungsnot für die Deutschen, die in Scharen aufkreuzten, um uns zu verwalten.

3.

Alles war mit der größten Selbstverständlichkeit vor sich gegangen. Die Deutschen waren da, sie waren gekommen wie Touristen, die aus ihrem Autobus steigen. Einige Wochen später hält ein dicker Mercedes vor unserem Haus. Ein gutaussehender, hochgewachsener Offizier im besten Mannesalter mit stolzgeschwellter, ordenbehängter Brust steigt aus – wie Curd Jürgens später. Er stellt sich vor, natürlich auf deutsch: »Meine liebe Alice!«

Mama war wie versteinert, peinlich berührt (»Mein Gott, was werden unsere Nachbarn denken?«). Es handelte sich um einen Jugendfreund aus der Zeit vor 1914, aus der ›guten alten Zeit‹, der das Logelbach der Belle Époque, die noch der Schatten der Reifröcke beschirmte, ebensowenig vergessen hatte wie das Dreimäderlhaus in der Haussmannstraße. Zum Glück war er nur auf der Durchreise. Er schenkte mir eine Tafel Schokolade und versicherte mir, ich würde soviel Schokolade bekommen, wie ich wollte, sobald der Krieg gewonnen sei.

Was für ein Debakel, Tausende von französischen Soldaten zogen niedergeschlagen, vorwärtsgetrieben wie Vieh, in der sommerlichen Hitze am Haus vorbei. Wir bemühten uns wie die übrige Bevölkerung, ihren Durst zu stillen und sie mit Lebensmitteln zu versorgen, als sie vorbeigingen. Die deutschen Wachen, die Lässigkeit vortäuschten, ließen uns gewähren. Von all den Siegesprahlereien blieb nichts als ein geplatzter, platter Reifen übrig.

Etwas weiter weg in den Kiesgruben stapelten sich Tausende von Helmen, die durch die Niederlage überflüssig geworden waren. Ich brachte eine ganze Sammlung davon nach Hause; sie rochen stark nach Leder, Haaren und Schweiß. Das Schauspiel der Niederlage hat mich später zweifellos dazu bewogen, mich niemals in eine Schlacht zu begeben, es sei denn, um zu gewinnen.

Anne Franck-Neumann
Dorf im Nordwind

Am 13. Dezember 1944 hatten die Amerikaner das Dorf Rittershoffen nördlich von Hagenau kampflos eingenommen. Am 4. Januar 1945 wurde vom Führer das Unternehmen »Nordwind« befohlen mit dem Ziel, nach Zabern und Straßburg vorzustoßen. Vom 8. bis zum 21. Januar tobten heftige Kämpfe in den nordelsässischen Ortschaften, besonders in den Dörfern Hatten und Rittershoffen, die fast vollständig zerstört wurden. Furchtbar waren die Leiden der Zivilbevölkerung, die nicht mehr rechtzeitig hatte fliehen können, darunter, in Rittershoffen, die Autorin, ihr Mann Emil und ihr kleiner Sohn Michel.

Schritte über uns in der Küche. Die Kellertüre ächzte und wurde vorsichtig geöffnet. Wir vernahmen tappende Schritte auf der Kellertreppe. Durch die Luken fiel fahl der Tag, aber die offene Kellertür ließ etwas Helle hinein. Wir erblickten einen jungen deutschen Soldaten, ein Sturmgewehr in der Hand. Auf seiner Brust baumelten dunkle, längliche Kugeln. Ich hatte bis dahin nie in meinem Leben solche Anhängsel gesehen, wußte aber sofort, daß dies Handgranaten waren. Wird er sie werfen? Ich war einer Ohnmacht nahe. Der Soldat erblickte uns nun auch. Wir wagten kaum zu schnaufen. Er rief aufgeregt: »Sind Amerikaner hier unten?« Blöde Frage. Wären hier unten Amerikaner gewesen, so wäre er bestimmt nicht halbwegs auf die Treppe gekommen.

»Nein«, sagte Emil laut.

»Aber sie waren doch noch vor einer Viertelstunde hier im Hof. Sind sie oben?«

»Das können wir im Keller nicht wissen.«

Überrascht, eine männliche Stimme zu hören, kam der Soldat näher.

»Was machen Sie denn hier? Sie sollten doch beim Volkssturm sein!« Und dann, sehr barsch: »Wieso haben Sie amerikanische Fähnchen oben in der Küche liegen?«

Die Angst macht nicht nur schlapp. Sie macht auch feige – oder klug.

»Das wissen wir nicht. Wir sind schon seit zwei Tagen hier unten.«

»Stellen Sie sich nicht dumm«, erwiderte der Soldat. »Sie können übrigens nicht hier bleiben. Ich gehe jetzt hinauf und werde das Haus durchsuchen. Bald werden wir diese Schlacht gewonnen haben, und dann müssen Sie mit zum Volkssturm.«

Eine grenzenlose Wut überfiel mich. Was ging diesen wildfremden Menschen mein Mann an? Da kannte ich den Haß ...

Er horchte einige Sekunden hinaus, bevor er sich aus dem Keller begab. Tiefe Mutlosigkeit befiel mich, und jetzt rannen die Tränen. »Weine nicht«, sagte Emil, »ich bin noch nicht drüben. Wer weiß, ob der noch einmal runterkommen kann.«

Wir krochen wieder ins Stroh, und wieder hörten wir Stimmen. Deutlich erkannten wir jetzt die englische Sprache. Die Kellertüre ächzte wieder. Zwei amerikanische Soldaten, ebenfalls mit Granaten verziert, die Maschinenpistole im Arm, kamen vorsichtig auf die Kellertreppe und zischten den Strahl ihrer Taschenlampe auf uns.

»Are the Germans here?«

»No, here are only civilians, one man, a child and a woman.«

»Yet we heard Germans in your yard.«

»Yes, perhaps half an hour ago, there was one soldier here, but he went upstairs.«

»So come on with us in the upper rooms!«

Emil erhob sich. Er mußte den Soldaten vorangehen. O Gott! Würde ich ihn wiedersehen? Die Treppe zum oberen Stockwerk war bei dem Einschlag nicht zerstört worden. Die äußere Hauswand, obwohl durchlöchert, stand noch. Ich hielt den Atem an, Michel krampfhaft an mich gedrückt.

Wilde Schreie ertönten. Füße trampelten. »Hands up!« hörte ich. Dann wieder Getrampel. Schwere Schritte ließen die Treppe knarren. Die Männer kamen herunter. Sie verließen das Haus. Die Kellertüre war offengeblieben, und ich hörte Emil: »Bleibt ruhig, ich komme herunter.«

(Der deutsche Soldat war von den Amerikanern gefangen genommen worden. Abends nach fünf Uhr kam der Brand auf das Haus zu. Sie mußten es schnellstens verlassen und versuchen, in den sicheren Keller von Lene Graff zu gelangen. Draußen tobte die Schlacht.)

Ich packte mit der einen Hand den Teddy meines Jungen, mit der anderen ihn. Emil war schon im Hof. Kleine Schneeflocken fielen auf eine schon dichte Schneedecke, die rot und golden vom Widerschein des Brandes erglühte. Vor dem Schulhaus brannte ein amerikanischer Panzer. Deutlich erinnere ich mich noch des nackten Frauenkörpers, der darauf gemalt war, schlank und mit wehendem Haar. Der Körper schien in den Flammen zu tanzen. Ich blickte noch einmal auf die brennende Scheune, auf unser Haus. Wir mußten über einen umgefallenen Zaun klettern. Als ich schon einen Fuß auf der Straße hatte, verfing sich der andere Fuß in einem Draht. Ich fiel hin, konnte aber rasch wieder aufstehen und wechselte dann in großer Eile Michel und den Bären. Ich ergriff Michel mit der rechten Hand und den Teddy mit der linken. Emil winkte uns, rasch zu kommen. Schon fast drüben, fühlte ich etwas wie einen scharfen Lufthauch an der Seite, wo ich den Teddy hielt. Schnee spritzte neben uns auf. Ich kann mich aber nicht entsinnen, etwas gehört zu haben.

Sicher erreichten wir die Kellertüre im Hof von Lene. Ein amerikanischer Soldat stand davor. Da verlor ich die Fassung und fing laut zu weinen an. Der Soldat faßte mich bei der Schulter, schüttelte mich: »Be silent! Don't cry! The Germans are in the neighbour-house. If they hear you, they will shoot. Come on! Quick!«

Der Keller war mit Stroh bedeckt. Einige Decken lagen herum. Lene sagte: »Wir sind 23 Personen hier unten, davon 13 Kinder, aber ich mache euch Platz.« Sie führte mich zu der schönen, dick mit Stroh bedeckten Matratze ihres Ehebettes und warf eine Decke darüber. Emil nahm mir den Rucksack ab, und ich ließ den Teddy aufs Stroh fallen.

Der Kopf des Teddys war weg.

Emma Guntz
Hasen sterben lautlos

Der weiße Schuh
Das Haus ist aufgeplatzt wie eine überreife Frucht. / Dach und Mauern weggefegt. / Ein Stück Treppenrampe hängt im Nichts. Pendelt über unseren Köpfen. / Nach Asche riecht es. Bitter irgendwie und süßlich. / Und auf dem Trümmerke-

Rodern: Holztor

gel steht auf hohem Absatz unversehrt ein weißer Schuh. / Wo ist der Fuß? Ich würge. / »Du hast hier nichts zu suchen, Kind«. / Das ist die erste Bombe.

Krieg
Bomben rauschen. Geschütze bellen. / Wir Kinder spielen auf der Straße. / Zwei finden nicht mehr in den Luftschutzkeller. / Nach dem Angriff sammelte die Mutter, was übrig war, in einem grauen Leinensäckchen. / Wir tauchen unsere Zeigefinger in die rote Pfütze. Lecken das klebrige Naß, lauwarm noch und salzig, vor dem Kellerloch. / Die Eltern hatten es verboten.

Die Reise
Sie kommen jede Nacht. / Die Mutter nimmt mich eines Tages bei der Hand. Der kleine Rucksack sitzt auf meinem Rücken. / Wir brauchen einen ganzen Tag und eine Nacht für vierzig Kilometer. Aus dem Abteil und unter den Zug. Immer wieder. / Jemand schenkt mir einen Apfel. / Tränen, Staub und süßer Saft. Wie schmutzig du bist! / Die letzte Strecke bis zum Dorf gehen wir zu Fuß. Da seid ihr, Kinder! / Warme Stimme, geduldiges Lächeln. Grau ist der Scheitel der Mutter meiner Mutter.

Abschied
Wir wollen Blumen holen an der großen Buche. Maiglöckchen. Nach den ersten Erdbeeren schauen. / Wir haben sie gefunden. / Zwei Soldaten. / Ein Stiefel streifte mein Gesicht, als ich durch die Büsche brach. / Aufgehängt. / Ein Pappschild auf der Brust, auf dem »Verräter« steht. Die Zunge schrecklich angeschwollen. / Blaue entstellte Gesichter. / Von Vögeln angepickt. / Es gibt kein Paradies. Ich will nach Hause.

Heimkehr
Es war an einem ersten März am frühen Nachmittag. Die Sonne scheint. Der Krieg ist fast zu Ende. / Doch die Sirenen gellen, und die Silbervögel speien Feuer und Verderben. / Es ist Zeit zu sterben in der kleinen Stadt. / Manche überleben. Auch mein Vater, meine Mutter und die große Schwester. In ihrem Kellerloch. / Im Sommer räumen sie die Straßen, und die Weidenröschen blühen in den stillen Trümmern. Da holten sie mich heim.

Fragen
Kinder gewöhnen sich an alles, sagt meine Mutter, vor der ich mich ein wenig fürchte. / Nachts unter dem Küchentisch, auf meiner Matratze, höre ich sie reden. / Vom neuen Frieden und vom Krieg. / Vom Schlimmen, das geschehen ist. / Sie sagen: Wir wollen es nicht glauben. / Wir können nicht. / Wir müssen es. / Morgens stelle ich Fragen. / Meine Mutter schweigt. / Später, sagt mein Vater. / Wenn du groß bist …

André Weckmann
Die Panzer

So war das Leben der Panzer:

Am ersten Tag
schossen sie Löcher in unsere Häuser
am zweiten Tag
verteilten sie Kaugummi unter die Kinder
und tanzten Jitterbug
am dritten Tag
brannten sie aus

nun stehen sie auf Denkmalsockeln
in der Landschaft herum
wertlos nutzlos dumm

nur dann und wann
erinnert sich ein altgewordenes Kind
an seinen ersten Kaugummi:

So ist das Leben der Panzer.

Alfred Kern
Bitterer Sieg

Straßburg – ein bitterer Sieg. Die Toten waren gezählt, die Straßen aufgeräumt, aber die Demütigung, die einer ganzen Provinz widerfahren war, ließ sich erst jetzt ermessen.

Völker sind selten heldenhaft. Wenn sie sich ihrer Helden rühmen, lassen sie um so weniger mit sich spaßen, da es ihnen diese Gestalten ermöglichen, gewisse Schwächen auszugleichen. Es war tatsächlich ein Wunder geschehen, für das alle dankbar waren: Straßburg war vor der Zerstörung bewahrt geblieben. Ein General war blitzartig vorgerückt, ein anderer hatte eigensinnig seine Stellung am Rhein zu halten versucht… Zweimal hatte Straßburg von einem außergewöhnlichen Glücksfall profitiert. Aber wie soll man sich einer Vergünstigung würdig fühlen, wenn man die verschiedenen Stufen der Demütigung klar vor sich sah? Man hatte den Deutschen gegenüber und mit ihnen schweigen müssen. Dieses Schweigen war jetzt um so schrecklicher, da wir wieder frei hätten reden können, aber doch Hemmungen hatten, Hemmungen, manche Worte wieder mit Wärme zu gebrauchen.

»Ihr seid unsere Brüder ...« – Mit dieser Verheißung hatte der Eindringling unsere erste Bestürzung in behaglichere Gefühle umzuwandeln versucht. 1940 waren die Fahnen verschwunden und mit ihnen die Macht der Symbole. Überall herrschte verwirrendes Schweigen, vor allem, als die Stärkeren daran gingen, ihm einen Sinn zu geben: Nach einer schleichenden Aktion von Tür zu Tür waren allerorten andere Fahnen aufgetaucht und hatten unsere Fenster zu Sprachrohren gemacht. »Du bist mein Bruder ...« Ein trauriges, grausames Wort, gegen das man hätte angehen müssen, um es am Ende eines Kampfes, der uns alles genommen hatte, wiederzuentdecken. Seit dieser Zeit wurden manche Wahrheiten zu Parodien. Gewiß hatte das Elsaß seine Helden gehabt, die jetzt zum größten Teil tot und noch dazu unbekannt waren, aber was machten die Lebenden aus diesem kaum faßbaren Sieg? Die Freude war ehrlich, nur hatten die Fahnen trotz ihrer Fülle an Suggestionskraft verloren.

Der Friede wies einen Riß auf: Man hatte zwar in der Erwartung einer Rückkehr gelebt, aber viele erkannten jetzt das Antlitz der Gerechtigkeit nicht. Zweifel unterhöhlte die beständigsten Traditionen. Selbst der politische Gegner, der Feind von gestern, profitierte davon: hatte er sich nicht in der gleichen Weise getäuscht, als er auf das Deutschland der Dichter und Denker baute? Es war ein müder Friede, der seinen Einzug hielt, ein Friede, der in nichts mit dem von 1918 zu vergleichen war. Unsere Großeltern hatten sich bereits mit denselben Worten gegen Preußen gewandt. Aber die Worte hatten seither ihre Kraft eingebüßt. Alles in diesem Europa war jetzt seltsam. Der Mittelstand fragte sich, ob er nicht für eine neue Revolution geopfert werden würde, und die Angst vor dem Kriege bestand auch weiterhin, als wären immer noch nicht alle Bomben explodiert.

Auf die Jüngeren wartete außerdem das harte Schicksal, das Frankreich während der Jahre der Trennung und des Schweigens für sie reserviert hatte. Gleich in den ersten Tagen nach meiner Heimkehr aus Rußland spürte ich, daß mich der Friede in Opposition zu meinem Vater bringen würde. Selbst in unserer Art des Spottens vertrugen wir uns nicht mehr …

André Weckmann
Amerseidel[1]

waren wie einst gezogen
mein Sohn
gezogen nach Osten wie es heißt im Lied
behelmt gestiefelt bekoppelt
achtzehnjähriges blasses
Kanonenfutter
und mißtrauisch ging die Parole
durch Stäbe und Gräben:
Traut denen nicht
den Wackes den Schängele –
und wir versuchten uns zu verkrümeln
manchen gelang es manchen nicht und
vierzigtausend krepierten
knallrot der Einschlag dünnrot die Ruhr
und keinem blies die Trompete
und keinem senkte sich 'ne Fahne

1 Amerseidel: ein Glas Bier mit Bitterkräuter-Likör, beliebter elsässischer Aperitiv; Wackes, Schängele: Spottnamen für Elsässer; Lüi, els. Aussprache für Louis.

war uns auch nicht drum
um Trompeten und Fahnen
war uns nur um eines drum:

'n Amerseidel mal wieder beim Lüi
am Sonntag nach'em Amt.

Sind dann auch heimgezogen wieder
mein Sohn
hundertdreißig- minus vierzigtausend
einbeinig einarmig einäugig
schwarz die Haut und scheu der Blick
der Garbe entronnen der Bombe dem Lager
dem Fleckfieber und den Wanzen
sind heimgezogen die Schängele
geschoren entlaust gezeichnet
zogen nach ihren befreiten Heimstätten
wo die Sieger saßen
und mit den Mädchen schäkerten
wo die Helden saßen die wir bewunderten
und wir schämten uns so sehr
daß wir uns verkrümelten
auf die Felder in die Fabriken
und wir trösteten uns: ach was
haben wir doch wonach wir uns gesehnt:

'nen Amerseidel daheim beim Lüi
am Sonntag nach'em Amt.

Haben dich dann gezeugt
mein Sohn
und uns gesagt: dir sollt' es nimmer so gehn
wie's uns gegangen und den Großvätern

daß sie übern Rhein kommen die Andern
mit dem Einziehungsbefehl in der Gesäßtasche
auf marsch marsch nach Osten woll'n wir ziehn!
nein dir sollt' es nimmer so gehn
daß sie befehlen:
Komm heim ins Reich du Bruder deutscher
Zunge!
und so schnitten wir ab
mein Sohn
was vorher war
Geschichte und Gemüt
Erinnerung und Sprache
und verbrannten den Wisch im Herbst
mit dem abgestandenen Heu.
So
nun kettet dich nichts mehr an die Wackes
die Schängele
nun bist du frei.

Haben dich dann verloren
mein Sohn
emanzipierter
fremdgewordener
abhandengekommener
haben euch dann verloren
ihr Söhne
und es bleibt uns nichts mehr von der Heimat
als

'n Amerseidel beim Lüi
am Sonntag nach'em Amt.

Odilienberg/Mont Ste Odile: Heidenmauer (10.-8. Jh. vor Christus)

Und laßt uns von der Liebe reden …

Gotfrit von Straßburg
Tristan und Isold: Lamer/L'amour

Da stützte sie und lehnte sich
Mit einem Arme an ihn hin;
Das war der Kühnheit Anbeginn.
Der Augen helle Leuchte
Erlosch in Tränenfeuchte;
Ihr Herz begann zu quellen,
Ihr süßer Mund zu schwellen;
Ihr Haupt, das sank hernieder.
Nun wagt ihr Freund auch wieder,
Sie mit den Armen zu umfahn,
Doch ohne kecker sich zu nahn,
Als einem Fremden ist erlaubt.
Er neigt sich flüsternd auf ihr Haupt:
Ei, schöne Süße, saget mir,
Was quält Euch denn? Was klaget Ihr?
Der Minne Federspiel Isot,
Sie sprach: Lamer ist meine Not;
Lamer beschwert mir so den Mut;
Lamer ist, was mir wehe tut. –
Sie sprach so viel das Wort Lamer,
Und Tristan forschte hin und her
Und sann mit Acht und Fleiße,
Was dieses Wörtchen heiße.
Wohl konnt' er sich entsinnen,
Amer, das heiße minnen,
Amer sei herb, la mer das Meer,
Der Deutungen ein ganzes Heer.
Da ließ er eines von den drein
Und fragte nach den andern zwein:
Er ließ beiseit' mit feinem Sinn

Die Minne, ihre Königin,
Ihren Trost und ihr Begehr,
Und sprach von bitter nur und Meer.
Versteh' ich recht, sprach er, Isot,
So schafft das Meer Euch bittre Not:
Es macht der Dunst von Meer und Wind,
Daß sie Euch beide bitter sind. –
Nein doch! Was sagt Ihr, Herr? Ach nein,
Keins von den beiden schafft mir Pein.
Mich kümmert weder Luft noch See:
Lamer alleine tut mir weh. –
  Als er des Wortes Deutung fand
Und Minne klar darin erkannt,
Sprach heiß und heimlich er zu ihr:
Traun, schöne Maid, so ist auch mir;
Lamer und Ihr seid meine Not.
Ja, Herzenskönigin Isot,
Nur Ihr und Eure Minne,
Ihr habt mir meine Sinne
Verkehret und benommen.
Ich bin vom Weg gekommen
Und irre pfadlos nun umher,
Und keinen Ausweg find' ich mehr.
Die ganze Welt ist mir zur Qual,
Und alles dünkt mich arm und schal,
Was immer mir ins Auge fällt,
Und nichts in dieser weiten Welt
Ist meinem Herzen lieb als Ihr. –
Isot sprach : Herr, so seid Ihr mir. –

Reinmar von Hagenau
Ich sah

Ich sah in lichtem Kleide stehn
die Heide mit den Blumen rot;
hold war das Veilchen anzusehn.
Die Nachtigall hat ihre Not
wohl überwunden, die sie zwang.
Vergangen ist der Winter lang.
Wie schön sie sang!

Als ich das grüne Laub ersah,
da ließ ich meinen schweren Sinn;
von einer Fraue mir geschah
so wohl, daß ich in Wonne bin
und stets erfüllt von frohem Mut.
Es soll mich alles dünken gut,
was sie mir tut.

Sie trieb die Sorge fort von mir,
daß Trauer nimmer mich beschleicht;
viel tausend Frauen außer ihr,
die hätten's alle nicht erreicht.

Mein Herz ist traurig alle Zeit,
wenn ich die liebe Frau nicht sehe.
Ihr sollt es hören ohne Neid,
wenn ich euch nun, was wahr, gestehe,
weil ich sie immer trag im Sinne
und ich die Liebste ohne Maßen minne
noch näher als im Herzen mein.
Sie sollt ob ihrer Güte mir
nicht länger fern mehr sein.

Konrad Püller von Hohenburg
Ihr roter Mund

Nun ist die Heide
im bunten Kleide
geworden blaß, und auch der grüne Wald,
wo so schöne
die süßen Töne
der lieben Vöglein sind erschallt.
Diese Not, die klaget jung und alt.
Mit Gewalt
vertreibt die roten Blumen der Winter kalt.

Auch ich muß sterben,
muß verderben,
will sie nicht gut mir sein.
Die mich tötet,
gar durchrötet
ist ihr Mund, der mir bringt Pein.
Wenn sie mich herzlich küßte auf einmal,
weg wär die Qual.
Mein Trost, das kann doch sie nur sein.

Der Winter ist gekommen,
den kleinen Vöglein ist genommen
ihr Gesang. Lang ist die schwere Zeit.
D'rum trauern sie,
und ich wie sie.
O gut ist sie, die ich so sehr vermiß'
und der ich gerne diene.
In Oesterreich, da ist es schön gewiß,
doch ach, von Wien wär' ich gern weit;

ich wollte sein am Rhein bei meiner Schönen,
fänd' doch der König, es wär Zeit.

Ich werd' vor Sorgen noch vergeh'n.
Hätt' ich doch fremde Länder nie geseh'n!
Ihr roter Mund,
wie minniglich er lachen kann!
Das freut wohl manchen Mann.
An ihrer Tugend liegt, das ist mir kund,
daß ich mich sehne Nacht und Tag.
Ein Blick von ihr mein Unglück wenden mag.
Wenn sie nur will, ich bin gesund.

Zieht jemand gegen Elsaßland,
der soll der Liebsten tun bekannt,
dass ich mich sehne.
Sie soll das Glück mir lan (lassen),
daß ich ihr bin mit ganzer Treue untertan.
Hab' ich Trost, den gibt die Liebe mir,
und zweifle ich wegen meiner Frau,
so ist der König sehr schuld daran.
Sie sehen sollte ich, da wär ich ein seliger Mann.
Die Fremde, denk' ich, schadet mir.

Unbekannter Dichter
Die Frau gemacht aus Paradies

Was in dem Paradies je
war gebildet und gemachet,
allen Kreaturen voran ist die Frau,
die minniglich lachet.

Gott hat sie wohl gestaltet,
das ist wahr, wie die Schrift behauptet.
Darum sind die Frauen vor den Männern
billig hochgepriesen:
denn der Mann ist aus Erde gemachet
und die Frau aus Paradies.

Hans Michael Moscherosch
Nicht lieben ist nicht leben

Ein schönes junges Weib ohne Lieb
Ein großer Jahrmarkt ohne Dieb
Ein alter Wuchrer ohne Gut
Ein junger Mann ohn Freud und Mut
Ein alte Scheuer ohne Mäus
Ein alter Pelz ohn Flöh und Läus
Ein alter Geißbock ohne Bart
Ist alles wider seine Art.

Gottlieb Conrad Pfeffel
Die zweite Hochzeit

Dem biedern Schulzen Ringewald
Starb seine liebe schöne Hanne,
Sie brach sein Herz ; doch fand er bald,
Daß einem reichen Ackersmanne,
Der fest auf Zucht und Ordnung hält,
Mit seiner Gattin alles fehlt.

Er freiet wieder. Vom Altar
Ging man zum Schmaus. Nach dem Gelage

Am Fuß des Ballon d'Alsace, Blick auf Dolleren, Dollertal

Sprach er zur bunten Hochzeitsschar:
»Nun, Kinder, tanzt! an diesem Tage
Will ich, daß alles fröhlich sei:
O wär nur Hannchen auch dabei!«

Johann Wolfgang Goethe
Friederike

... In diesem Augenblick trat sie wirklich in die Türe; und da ging fürwahr an diesem ländlichen Himmel ein allerliebster Stern auf. Beide Töchter trugen sich noch deutsch, wie man es zu nennen pflegte, und diese fast verdrängte Nationaltracht kleidete Friedriken besonders gut. Ein kurzes, weißes, rundes Röckchen mit einer Falbel, nicht länger, als daß die nettsten Füßchen bis an die Knöchel sichtbar blieben; ein knappes, weißes Mieder und eine schwarze Taffetschürze – so stand sie auf der Grenze zwischen Bäuerin und Städterin. Schlank und leicht, als wenn sie nichts an sich zu tragen hätte, schritt sie, und beinahe schien für die gewaltigen blonden Zöpfe des niedlichen Köpfchens der Hals zu zart. Aus heiteren blauen Augen blickte sie sehr deutlich umher, und das artige Stumpfnäschen forschte so frei in die Luft, als wenn es in der Welt keine Sorge geben könnte; der Strohhut hing ihr am Arm, und so hatte ich das Vergnügen, sie beim ersten Blick auf einmal in ihrer ganzen Anmut und Lieblichkeit zu sehn und zu erkennen ...

... Es war mir sehr angenehm, stillschweigend der Schilderung zuzuhören, die sie von der kleinen Welt machte, in der sie sich bewegte, und von denen Menschen, die sie besonders schätzte ...

... Sie wurde zuletzt immer redseliger und ich immer stiller. Es hörte sich ihr gar so gut zu, und da ich nur ihre

Stimme vernahm, ihre Gesichtsbildung aber sowie die übrige Welt in Dämmerung schwebte, so war es mir, als ob ich ihr Herz sähe, das ich höchst rein finden mußte, da es sich in so unbefangener Geschwätzigkeit vor mir eröffnete …

… Ich war grenzenlos glücklich an Friedrikens Seite: gesprächig, lustig, geistreich, vorlaut, und doch durch Gefühl, Achtung und Anhänglichkeit gemäßigt. Sie in gleichem Falle, offen heiter, teilnehmend und mitteilend. Wir schienen allein für die Gesellschaft zu leben und lebten bloß wechselseitig für uns …

… entfernt von ihr, beschäftigte ich mich für sie, um durch eine neue Gabe, einen neuen Einfall ihr wieder neu zu sein. Gemalte Bänder waren damals eben erst Mode geworden; ich malte ihr gleich ein paar Stücke und sendete sie mit einem kleinen Gedicht voraus, da ich diesmal länger, als ich gedacht, ausbleiben mußte …

Charles Auguste Candidus
Röslein rot und Rittersporn

Röslein rot und Rittersporn
können's miteinander.
Röslein rot war kaum geborn,
Hat er nicht die Zeit verlorn
Und beim Röslein stand er.

Haben sich halt auserkorn
Unter allen Dingen.
Stehn nun schon den ganzen Mor'n
An dem Gartenweg da vorn
Soll ich Stühle bringen?

Charles Auguste Candidus Hasenbrod

Ach, Hasenbrod zu essen
Mit seinem Schätzelein!
Das hab' wohl ich erfahren,
Das schmeckt wie Honigseim!

Wir waren kleine Kinder
Und saßen auf der Au.
Die Ferne stand so golden!
Der Himmel stand so blau!

So große Chrysanthemen,
Ach, standen im Gras umher!
An leichten Halmen hingen
Die braunen Brödchen schwer!

Und unter den Gespielen
Da sitzen ihrer zwei,
Die kränzen sich wie die andern,
Nur glücklicher dabei.

Sie essen wie die andern
Das süße Hasenbrod,
Doch ißt nur immer das Eine
Was ihm das Andre bot.

Ja, Hasenbrod zu essen
Mit seinem Schätzelein!
Das hab' wohl ich erfahren,
Das schmeckt wie Honigseim!

René Schickele
Schneeglöckchen

Ich habe ihr geschrieben und sie gebeten zu kommen. Der Brief liegt verschlossen vor mir. Ich entsinne mich kaum seines Wortlauts. So behält man von einer tiefen Liebesstunde nur die Erinnerung an eine traumhafte Begebenheit… Ich bitte sie in dem Brief, zu mir zu kommen, soviel ist gewiß. Werde ich ihn absenden? Durfte ich ihr denn überhaupt so zügellos schreiben, sie so bitten, nach jener Trennung in Mailand und einem zweijährigen Schweigen? Bedeutet ein solcher Brief nicht dasselbe wie ein nächtlicher Einbruch in ihr Schlafzimmer? Sie erwartet mich nicht, ich weiß nicht, wie sie lebt, ob einsam oder nicht, ob zufrieden oder nicht, ich weiß nichts von ihr als den Namen der römischen Straße, worin das Familienhaus der Capponi steht. In den zwei Jahren ist sie für mich eine Fremde, bin ich ein Fremder für sie geworden, ärger, als es ein Toter für den Überlebenden sein kann, denn es fehlt die Gewißheit des Grabes… Auch andre Fragen stelle ich mir, so, ob ich wohl geschrieben hätte, wenn meine Frau noch lebte, und darauf finde ich keine Antwort, sondern nur zehn verschiedene Antworten, bei denen jede Behauptung mit Bedingungen umstellt ist wie mit Vexierspiegeln… Aber nein, wenn Doris noch lebte, so hätte ich vermutlich keinerlei Grund, Maria zu Hilfe zu rufen. Ich wäre gesund. Doris und mir, uns fehlte nichts und niemand, als ich sie verlor, und nicht umsonst hatte Maria bei unsrer letzten Trennung das Zeichen des Kreuzes über mich, den ihr Verlorenen, geschlagen!

So glaube ich es wenigstens, doch bin ich mir der Lückenhaftigkeit meiner Erinnerungen bewußt. Und wohin sollten derartige Fragen auch führen, wenn nicht, an allen Ecken und Enden, vor ein Gericht, zu dem ich Doris selbstquälerisch aus dem Grabe herbeiriefe, damit sie gegen mich zeuge, gegen mich und Maria. Wie lächerlich! Als ob ich der Mann wäre, der sich wegen seiner Gefühle und persönlichen Erlebnisse vor ein Gericht ziehen ließe, und wäre es von mir selbst!

Dies alles ist nur das Gestammel meiner Herzschläge, im Halbdunkel des Bewußtseins, verschlafen …

Ich erhebe mich, mühsam noch immer, vom Tisch.

Ich blicke auf die Ebene.

Vor fünf Minuten war noch alles in einen dicken, gelben Dunst gehüllt wie in eine Wolke von Pollen der Weidenkätzchen. Jetzt trocknet die Sonne die Aufschrift des Briefes an Maria Capponi.

In den fünf Minuten geschah, daß die gelben Wolken silbergrau wurden und die Hügel darin sichtbar in weiter Ferne. Die Hügel kamen angeschwommen, und gleichzeitig, als vollzöge sich eine einheitliche Vorwärtsbewegung, graste weißer Wasserdampf die Wiesen herauf. Dann klaffte ein Stück Bläue im westlichen Himmel, schwarz gerändert: ein Ausblick auf die hohe See, wo, unsichtbar, die Sonne fuhr. Die Regentropfen am Fensterrand hingen blind… Darauf begann die silbergraue Wolke, die, als sie noch gelb gewesen, alles verhüllt hatte, blau zu dampfen, ja, und dann verschwand sie, ich kann nicht sagen, wie. Als letzte Spur von ihr bekränzt ein heller Schein die Hügel. Und dies ist nur das Allergröbste, was in den fünf Minuten vorgegangen.

Jetzt funkeln die Wiesen. Die Bäume verpulvern ihr Grün. Aber der Rauch des Schnellzugs Amsterdam–Mailand, der drunten in der Ebene vorbeifährt, krümmt sich, dehnt sich und will nicht vergehn, und dort, noch tiefer in der Ebene, öffnet sich eine zweite grüne Welt… Die elsässische Ebene liegt voll Sonne! Doch zwischen uns und ihr ist noch ein Dunst, der sie verschleiert … Er ist nicht mehr! Das Land links des Rheins, das Land rechts des Rheins atmet ein einziges Lächeln.

Vögel segeln von Wipfel zu Wipfel, setzen sich, fragen die Stille an, fliegen weiter. Die jungen Obstbäume tragen schauernd eine Flimmerkrone, und ihre großen Brüder sind Gerüste von Domen, überfließend von Licht. Im dunkel zerklüfteten Gewölk mischt der Himmel die Farben für den Sonnenuntergang.

Schöne Welt, heitere Welt, ach, wir traurig entstellten Menschen! Warum können wir nicht eingehen in Baum und Gras, in Blume und Wolke und nur dasein, wunderbar sinnlos, ewig bewegt und doch unbesorgt gleich ihnen! Warum ist des Menschen Sterben so schwer?

Ich lehne mich aus dem Fenster und begegne einem Wind, den ich an seiner würzigen Milde als den Zephir erkenne. Welch ein Winter liegt hinter mir! Doch nun ist der Frühling im Anzug. Unser Planet wiegt leichter. Schon fühle ich, wie ich selber an Gewicht verliere.

Zur Zeit, da ich noch Mythologie und Weltanschauung lernte, teilte ich meine Verachtung zwischen dem Zephir und der Serenitas, die ich mit Recht für ein Paar hielt, doch schob ich ihnen aus Bosheit bunt bestickte Pantoffeln unter, den ›Schicksallosen Alten‹ – wo sie doch in Wirklichkeit auf den leichtesten aller Götterfüße durchs Leben gehn und ihre verwandten Gesichter von Schicksalen schimmern wie vom feurigen Anhauch eines ganzen sommerlichen Gartens.

Maria wird kommen! Ich sehe die Schneeglöckchen in ihrem Winkel beim Abendläuten, und ich entsinne mich eines Tages, da ich in den Alpen tausend Meter unter mir ein winziges Dorf erblickte, dessen Kirchturm zu Abend läutete. Die Glocke fing bei jedem Zug einen Sonnenstrahl und schleuderte ihn empor. Mit den Augen hörte ich sie läuten, wie jetzt die Schneeglöckchen.

Und Maria stand neben mir. Wir hielten uns mit dem Arm umschlungen und lächelten einander an. In unser beider Körper war keine einzige dunkle Stelle, und wir lachten auf, nur, um unser Lachen in den Tiefen unserer Körper widerhallen zu hören.

Yvan Goll

In jeder Amsel
Hab ich dich geliebt
In jedem Windstoß
Hab ich dich gespürt

Am Rand der Gletscher standen wir
Herz in Herz
Im Wüstendorn scheuchten wir den Skorpion
Hand in Hand

Vor dem Straßburger Münster
Sangen wir dem Abend ein Lied
Mund an Mund

Weh, auf dem einsamen Weg zum Schlaf
Strauchelte ich
Und versank

Yvan Goll

O seh ich Geliebte dich noch
An diesem birnenbehangenen Tag
Das Goldblatt in deinem Haar
Und aller Azur der Treue
In deinem großen Doppelaug

Herbst brennt in den Bäumen
Und goldener Most in deinem tiefen Mund
Aus dem die tiefe Stimme mich umsummt
Wie Hornißorgelbaß

Wir zechten Geliebte den letzten Wein
O Lerchen leiteten uns durchs Geißblatt
Hand in Hand den weißen Berg hinan
Und im Salbei
Fand einer des anderen Herz
Ganz naß vom Warten

Heut ist ein Nußbaum der Herr der Nacht
Viele Totenfalter und viele Vögel
Sind in seinen Kellern gefangen:
Das Trauerspiel des Sommers ist zu Ende

Wir fanden ein schönes Bett im Minzhang
Und ein Hochzeitsschleier
Wob sich von selbst aus Spinnenseide

Nathan Katz
’s Schneele in dr Märzenacht

Wurum isch in dr Märzenacht
Denn grad das Schneele käit? –
Wurum isch mitzel in dr Nacht
Uf eimol alls verschnäit?
  O jo, wurum?

Mi lieber Büeb isch bimer gsi,
Die ganzi, ganzi Nacht.
Mr hai is ghàrzt un hai is gschmutzt
Die ganzi ganzi Nacht.

Mr hai is gschmutzt un hai is ghàrzt
Bis fascht an hààle Tag.
I ha n en lislig üsegloh
Churz vor em hààle Tag.

Wurum isch o die Märzenacht
Denn grad das Schneele käit?
Wurum isch mitzel in der Nacht
Uf eimol alls verschnäit?
  O jo, wurum?

Un dur e Garte n isch er furt
Un dur e weiche Schnee.
’s isch jeder Schritt drin zeichnet gsi;
’s hai’s alli chänne seh.

Un jetz weisst’s ’s ganze Därfle scho.
Das het das Schneele gmacht. –

Wu n i mi numme zeige tüe
Jetz alles heimlig lacht.

Wurum isch o die Märzenacht
Denn grad das Schneele käit?
Wurum isch mitzel in dr Nacht
Uf eimol alls verschnäit? –
O jo, wurum, wurum? –

Schnee in der Märzennacht
Warum hat's in der Märzennacht / den Schnee geschneit / warum ist mitten in der Nacht / alles so weiß verschneit / o ja, warum?
Mein liebster Bub, der war bei mir / die ganze, ganze Nacht / haben geherzt, haben geküßt / die ganze, ganze Nacht
Haben geherzt und haben geküßt / bis in den hellen Tag / ich hab' ihn heimlich rausgeführt / kurz vor dem hellen Tag.
Und durch den Garten ist er fort / und durch den weichen Schnee / ein jeder Schritt ist abgedrückt / und alle können's sehn.
Und jetzt weiß es das ganze Dorf / das hat der Schnee gemacht / wo immer ich mich zeige / wird heimlich nur gelacht.
Warum hat's in der Märzennacht / den Schnee geschneit / warum liegt mitten in der Nacht / der Schnee so weit und breit? / Ach ja, warum?

Georges Zink
Spotjohr

Mainsch denn, as kennte ke Rose meh blieje?
Mainsch denn, as seig fir si z' kalt?
Mainsch denn, as seig nimme Zit jetz zem Liewe?
Mainsch denn, de seigsch drfir z' alt?

Lüeg doch im Spotjohr, o lüeg doch im Garte:
's blieje noch Blüeme drinn vil!
's blieje drinn Dahlie-n-un's blieje drinn Aschtre,
Triwe-n-im Wind dert ihr Spil!

Salbscht wenn im Winter uf Ackre-n-un Matte
Rife tüet lige-n-un Schnee,
Salbscht wenn di Hoor o wie 's Schneefald so wiss isch:
D'Liewi, si tüet nit vrgeh!

Spätjahr
Meinst du, es könnten die Rosen nicht mehr blühen / meinst du, es wäre zu kalt / meinst du, es wär keine Zeit mehr zum Lieben / meinst du, du seist zu alt?
Schau doch ins Spätjahr, o schau doch den Garten / es blühen der Blumen noch viel / es blühen die Dahlien, es blühen die Astern / treiben im Wind ihr Spiel
Selbst wenn im Winter auf Äckern und Matten / der Reif dann liegt und der Schnee / selbst wenn dein Haar wie der Schnee so weiß ist / die Liebe, die wird nicht vergehn.

Conrad Winter
Das einfache Leben

eine frau schwebt
über dem haus

das spiel dieser hände
das zittern jener sterne
dieselbe quelle
schenkt mir
deine liebe

eine frau schwebt
über dem lande
sie tanzt wie der traum
über dem glanz
der erde
der lieder duft
steigt aus dem laub
wo die liebe
ihre andacht
feiert

eine frau schwebt
sie gleitet wie deine hand
über den schaum des tages
aus ihren augen fließt
die lebendige morgenröte
das licht der hände
der traum der sterne
schenkt mir
den feurigen wein
des lebens

André Weckmann
vum liëbhàn / vom Lieben

beer mer e driwel
beer mer e stung
met dinem milel
met dinre zung

mahj mer e liëdel
zettels un wang
laei mer e breschtel
en mini hang

zerpflück mir eine traube, zerpflück mir eine stunde, mit deinem munde, mit deiner zunge. mähe mir ein lied, zerstreu es und wende; leg deinen busen in meine hände.

obi
d waschbel hàss
womi stecht
obi
en d hànd bàss
womi brecht
obi
d zung liëb
woni vergeh
obi

ob ich die wespe hasse, die mich sticht; ob ich in die hand passe, die mich bricht; ob ich die zunge liebe, auf der ich zergehe?

en ànderes ich
un en ànderes dü
gràddle em kunditionàl
àme fröjezaeiche rum
un kumme net nuf
wilschtàss
de indikativ
der filou
uf sim üsrüefezaeiche
huckt
un schàdefroh
spániift

ein anderes ich und ein anderes du klettern im konjunktiv an einem fragezeichen herum und kommen nicht hoch, während der indikativ, der spitzbube, auf seinem ausrufezeichen sitzt und schadenfroh die ohren spitzt.

Hotel in Turckheim

Trinken und Essen halten Leib und Seele zusammen

Ermoldus Nigellus
Es reift die Traube

Alt ist das Land, gar mächtig, beherrscht von fränkischen
Stämmen,
Welches die Franken zuvor Elsaß mit Namen genannt.
Dort das Wasgaugebirg, hier strömen die Fluten des
Rheins,
Zwischen den beiden zuhaus ist ein gar mutiges Volk.
Bacchus bewohnt die Hügel, es reift die Traube
auf den Bergen,
Und in der Mitte zu Tal liegt das fetteste Land.

Geiler von Kaysersberg
Vom Schwein

Das Schwein ist zu nichts nütze, so lange es am Leben ist; es singt nicht wie der Vogel, es fängt keine Mücken wie das Rotbrüstchen und die Meise, es zieht und trägt nicht wie das Pferd und Rind, es fängt keine Mäuse wie die Katze, bellt nicht wie der Hund, gibt nicht Wolle noch Milch wie das Schaf und die Kuh, es taugt zu nichts, als daß es sich mäste und alle Abfälle aus der Küche in sich aufnehme. Nach seinem Tode aber ist es ein sehr nützliches Tier, und alle haben Freude an ihm; von ihm kommen die Würstchen und Metzelnsuppen, womit man die Freunde und Nachbarn erfreut.

Jörg Wickram
Gottes Tränen

Ein guter, frommer, einfältiger Mann aus dem Schwabenland zog gen Rom wallfahren. Als er nun nach Italien kam, ist er bei einem Wirte eingekehrt, der hat ihn freundlich empfangen; denn er hatte wohl Geld zu verzehren. Der Wirt trug ihm auf, was er Gutes hatte, dazu die allerbesten Weine, so man in Italien hat, Veltliner, Reinfall und anderes gutes Geschleck; die schmeckten dem guten Schwaben gar wohl. Deshalb fragte er den Wirt zuletzt, was doch das für ein Trank wäre. Der Wirt dachte sich gleich, er habe den rechten Kunden erwischt, denn er war auch ein geborener Deutscher und ein großer Spottvogel. »Lieber Freund«, sagte er, »der Trank, den Ihr meint, das sind unseres Herrgotts Tränen.« – »O«, sagte der Schwab, »du lieber Gott, warum hast du nicht auch im Land zu Schwaben geweint?«

Matthias Ringmann Philesius
Elsässer Wein

Hier wächst lieblicher Wein auf sonnengesegneten Hügeln,
Den man den Elsässer heißt, Elsässer weil von der Ill,
Hier holt Bayer und Schwabe den Sorgenverscheucher, ja schier ganz
Deutschland löscht sich den Durst gern in dem süßen Geschenk.
Hier rauscht Moder und Breusch und die Sauer herab aus der Quelle,
Hier fließt Ill, fließest auch du mit dem Dörfchen, o Scher,

Aus den Vogesen geschickt in die lachende Matte als Dorfbach,
Der mein väterlich Haus streift in dem grünenden Tal!
Welch ein Ergötzen zu schaun in die Fern' auf den Höhen die Burgen,
Die manch herrlicher Sproß edelsten Blutes behaust,
Wo hoch oben Odilia schläft auf dem Gipfel des Berges.

Sebastian Münster
Auf dem Berg kocht sich der gut Wein

Das Land Elsass stosst gegen Orient an den Rhein, aber in Occident endet es sich an das groß Gebürg Vosagum, das ob Thann anfahet und gehet gerab biss gen Weissenburg. Es kommen viel Wasser auss diesem Gebürg Vosago, und lauffen durch das Land dem Rhein zu, aber der fürnehmste Fluss ist die Ill. Nun wie fruchtbar das Elsass sey magstu darauss mercken, dass in dem engen Begriff alle jahr ein solch gross Gut von Wein und Korn gefellt, dass nicht allein davon seine Eynwohner, der trefflich viel seindt, zu leben haben, sondern man führt darauss mit Schiff und Wägen den köstlichen Wein in Schweitzerland, Schwabenland, Bayerland, Niederland und in Engelland.

An dem Berg kocht sich der gut Wein, und auff der ebne wächst das Korn und viel fruchtbarer Bäum. Man findt auch gantze Wälder mit Kestenbäumen in den Bergen. Weiter was köstlicher Weyd in disem Gebürg gefunden wirdt, zeigen an die guten Münsterkäss, so man darauss bringt, und dass ich es mit kurtzen Worten sag, es ist in dem gantzen Teutschen Land kein Gelegenheit, die disem Elsass möchte verglichen werden. Man findt wol Länder in Teutschland da besser Wein wachst, der sich dem Elsässer vergleicht, sie haben aber nicht darbey solchen vollen Brotkasten und lustige Obstgärten.

Johann Fischart
Der Muskateller

Den liebsten Bulen, den ich han
Der ligt beim Wirt im Keller:
Er hat eyn höltzins Röcklin an
Und heisst der Muskateller.
Er hat mich nechten trunken gemacht
Und fröhlich disen Tag vollpracht,
Drumb geb ich jm eyn gute Nacht.

Von disem Bulen, den ich mein,
Will ich dir bald eyns pringen,
Es ist der allerbeste Wein,
Macht mich lustig zu singen.
Frischt mir das Blut, gibt freien Mut
Als durch sein Krafft und Eygenschaft:
Nun grüss ich dich, mein Rebensafft!

Gottlieb Conrad Pfeffel
Der Trunkene

Ein Trunkner brach das Kniegelenke,
Wo wohnt ihr? sprach ein fremder Mann,
Daß man nach Haus euch tragen kann.
Ei, rief er, tragt mich in die Schenke.

Volkslied
Es trug das schwarzbraun Mädelein

Es trug das schwarzbraun Mädelein
ein' Becher roten Wein
zu Straßburg auf der Straße.
Begegnet ihm allda
ein wunderschöner Knabe.
Er tut sie wohl umfassen.

Laß ab, laß ab, ei lasse ab,
mein wunderschöner Knab,
mein Mütterlein tut schelten,
verschütte ich den Wein,
den roten kühlen Wein,
der Wein tut sehr viel gelten.

Bald hat das schwarzbraun Mädelein
verloren ihr Pantoffelein,
sie kann's nicht wieder finden.
Sie suchet hin, sie suchet her,
verliere nicht den andern mehr
noch unter dieser Linden.

Erckmann-Chatrian
Das Mittagessen

Es gibt wohl nichts Angenehmeres auf dieser Welt, als sich im altehrwürdigen Eßzimmer seines Elternhauses, zu dritt oder viert, unter Freunden an einen reich bestellten Tisch zu setzen, sich bedächtig die Serviette um den Hals zu knüpfen und den Schöpflöffel in eine duftende Krebssuppe zu tauchen, die Teller herumzureichen und zu sagen:

»Die müßt ihr kosten, meine Freunde, und mir sagen, ob ihr schon einmal etwas Besseres gegessen habt.«

Wie herrlich ist es doch, ein Essen so zu beginnen, und durch die weit geöffneten Fenster schaut der blaue Frühlings- oder Herbsthimmel.

Und wenn man dann das große Messer mit dem Horngriff zur Hand nimmt, um schöne Scheiben von einer zarten Lammkeule zu schneiden oder mit der Silberschaufel den Rücken eines gewaltigen Hechts in Gelee behutsam zu zerteilen beginnt, wie andächtig beschauen dich da deine Gäste!

Dann greifst du in der Kühlwanne hinter deinem Stuhl nach einer weiteren Flasche, nimmst sie zwischen die Knie und ziehst vorsichtig den Korken heraus. Wie sie dann lachen und sich fragen: »Und was kommt jetzt an die Reihe?«

Ach, ich kann euch sagen, es ist ein großes Vergnügen, seinen Freunden so aufzutischen und sich zu sagen: »Das wird so weiter gehen, von einem Jahr zum andern, bis der Herr mir das Zeichen gibt und ich eingehe in seinen Frieden und mich in Abrahams Schoß ausruhe.«

Und wenn nach der fünften oder der sechsten Flasche die Gesichter immer lebhafter werden, und die einen das Bedürfnis empfinden, den Herrn zu loben, und die anderen den Ruhm des guten alten Deutschland zu singen, seine Pasteten, seine Schinken und seine Weine; und wenn Kasper rührselig wird und Michel um Verzeihung für etwas bittet, an das sich Michel überhaupt nicht mehr erinnert; und wenn Christian den Kopf auf die Schulter legt und vor sich hinlacht, weil ihm auf einmal etwas vom alten Vater Bischof einfällt, der vor 10 Jahren gestorben ist; und wenn wieder

Im Weinberg

andere von der Jagd reden oder über die Musik und alle durcheinander reden und sich von Zeit zu Zeit vor Lachen ausschütten wollen: dann sind alle im Paradies, im richtigen und wahrhaftigen Paradies auf Erden.

Und genau das war der Fall im Haus des Fritz Kobus um ein Uhr mittags. Der alte Wein hatte seine Wirkung getan …

Louis Oberlechner
Die Weinkostprobe

So heilig und seeleneifrig unser Patron, Herr Chanoine Jean-Baptiste Stoffel, auch war, war er wieder nicht der Welt so abgewandt, daß er alle in die Kirche sperren wollte. Beten schon, aber auch der Leib hat seine Forderungen. Ein gutes Glas Wein und eine Zigarre hat er nicht verachtet; doch ständig den Rauchkloben in den Zähnen hängen haben oder am Morgen früh schon Zigaretten qualmen sehen, das konnte ihn bös machen. Moi, je n'ai jamais fait d'excès, moi. Als seine Vikare sich vornahmen, in der Fastenzeit nicht zu rauchen und vor dem Essen ein Stück aus der heiligen Schrift zu lesen, schätzte er sich als der glücklichste Pfarrer. Wir haben ihn doch einmal in flagranti erwischt, wie er eine kleine Zigarre im Versteckelten rauchte. Wurde er da wild – über sich selbst. »Ihr elende Ketzer! Wart, ich will Euch euren Pfarrer ausspionieren!« Aber am Ostersonntagmittag spendete er einem jeden Abbé eine Kiste Zigarren, die besten, die er finden konnte.

Er jammerte oft, daß er keine Chance hatte mit seinen Vikaren. Der Dussourd aus der Fridolinspfarrei in Mulhouse hat schon wieder einen Abbé bekommen, der keinen Wein trinkt.

Sie waren dick befreundet miteinander, der Pfarrer von

Fridolin und unser Chef. Beide waren aus der Weingegend. Was wollen schon die Flachländer oder die Gebirgsmuni vom Wein verstehen? Man muß beide gesehen haben, wenn sie einen guten Tropfen fachmännisch genossen: erst die Nase ins Glas, um die Blume zu schmecken: dann am Kelchrand genippt und den ersten Tropfen auf der Zunge vergehen lassend. Bis jetzt waren erst Nase und Zunge im Spiel.

Der zweite Schluck rann durch die Kehle; hier wurde der Gaumen erprobt; man muß dann den Wein hinablaufen spüren, spüren wie er die Adern erwärmt und das Blut erhitzt, von jeder Haarwurzel bis zum kleinen Zehnagel.

Erst jetzt kommt das Urteil über Jahrgang, Sorte, Geländ, Gärung, Zuckerung, Reinheit, Lagerung. Und wenn sich beide beim zweiten Glas in den Fauteuil zurücklehnten, mit Kennermiene das halbvolle Glas gegen das Licht haltend, im Schatze ihrer Erfahrung und Erinnerungen kramend: wie schon der Papst Martin V. (Konzil von Konstanz Anno 1417) nur Elsässerwein trinken wollte, weil er ihm gut bekam für die Nieren. Wie der Elsässerwein ein Wein ist, der heischt, während andere Weine sättigen. Wie der Elsässerwein einen kühlen Keller verlangt und der Rotwein einen warmen: Vin blanc, cave fraîche – Vin rouge, cave sèche. Daß die Kellerkühle die beste Temperatur abgibt. Daß man heutzutage mit der Zentralheizung keinen richtigen Keller mehr hat und den Wein in die Frigos steckt, wo er zu einem Eisklumpen gefriert, so daß man ihn wieder aufwärmen muß und was das für eine Brühe ist, die man dann zu trinken bekommt. Auch daß die jungen Abbés nix mehr verstehen von der Weinkultur und der Gastronomie. »Da braucht man nicht viel verstehen von der Gastronomie«, warf mein Kollege schnell dazwischen, »mit dem Wurstzipfel am Abend und zwei Salatblättchen und eurem angemachten Sauerbübberi!«

So ist es. Wenn alte Herren mit jungem Aufwuchs an demselben Tische sitzen, da vergessen sie zu oft, daß junge Roß mehr Hafer vertragen als ein alter Karrengaul.

André Weckmann
Das Kaisermanöver

Es kommandierte zu jener Zeit im Reichsland General Ritter Hentschel von Gilgenheimb das Königlich Preußische 15. Armeekorps, das aus der 30. sowie der 31. Königlich Preußischen Division bestand, erstere von Generalmajor von Moßner befehligt, welchem seinerseits fünf Königlich Preußische Infanterie-Brigaden unterstanden, von denen uns die eine besonders interessiert, nämlich die 60. unter Generalmajor von Usedom, deren Königlich Preußisches Infanterie-Regiment Nr. 99 unter dem Kommando des Obersten von Hagen teilweise auf soranischem Boden stationiert war.

Und es kehrten ein beim soranischen Wirt Franz und seiner Gemahlin Marie – die als eine ausgezeichnete Köchin galt – ein großer Teil der Generalität und der höheren Chargen obengenannter Königlich Preußischer Truppen, nebst einigen befreundeten Herren vom Kgl. Württembergischen Infanterie-Regiment Nr. 126 sowie vom Kgl. Bayerischen Chevaulegers-Regiment Nr. 5. Kehrten ein an jenem Sonntag im Herbst nach glorreich ausgefochtenem großem Kaisermanöver und setzten sich an die lange Tafel, Schenkel an Schenkel gepreßt, Ellenbogen an Ellenbogen, Schulter an Schulter, und übermäßig schwitzend der Zusammenballung männlich kriegerischer Ausdünstungen wegen. Setzten sich und standen sogleich wieder auf, um ein dreifaches Hoch auszustoßen auf den Chef und obersten Kriegsherrn, Seine

Majestät, den Kaiser und König, ein zweites dreifaches auf Seine Majestät, den König von Bayern, ein drittes dreifaches auf Seine Majestät, den König von Württemberg, ein viertes und letztes dreifaches auf den abwesenden weil zur kaiserlichen Tafel abkommandierten Kommandierenden General des Königlich Preußischen 15. Armeekorps, Ritter Hentschel von Gilgenheimb. Hoch! Hoch! Hoch!

Dann begann das Kaisermanöverbankett, derb bäuerisch gewünscht von den Herren, üppig soranisch zusammengestellt von Franz und mit überlegener Emsigkeit von seinem weiblichen Escoffier zubereitet. Was dann folgendes Menü ergab:

Französische Kartoffelsuppe
Sorana-Hecht mit Mayonnaise
Zickleinroulade mit Bohnenschiffen
Gedämpfte Ente mit Karottenwürfeln
Wildsaubraten gespickt
Nudeln nach Hausmacherart
Schwartenmagen mit Salat
Eiskuchen
Kugelhopf

Dazu wurde getrunken:

Champagne Louis d'Or 1890
Kaffee Le Négus
Lorbergquetsch
Cognac & diverse Liqueure

Und sprach Oberst Wahnschaffe zu Oberst von Bagenski nach vollzogener Mahlzelebration: »Na, Bagenski, was sagen Sie dazu?« Antwortete der von Bagenski: »Tjaa, mein lieber Wahnschaffe, sagen wir mal, tjaa... Hecht: ausgezeichnet, Ente: nicht schlecht, Wildsaubraten: gepfeffert, donnerwetter! Roulade: Geschmacksache, Kartoffelsuppe aber miserabel.« Und schwäbelte der Kgl. Württ. Oberst Freiherr Seutter von Lötzen: »Zu der Wildsau, weischt, da hätt ich halt Spätzle vorgezoge.« Und schnarrte dann der Major von Brunzlau: »Trotzdem muß jesagt werden, hähäm, meine Herren, diese halbwelschen Hafersäcke, verdammt, die verstehen zu leben! Hähäm, meine Herren, ick bin bereit, die heimischen Sülzen zu verleugnen und mich auf diesen üppigen Jefilden als Schlemmer zu etablieren! Hähäm, meine Herren, auf die halbwelschen soranischen[1] Hafersäcke: hoch, hoch, hoch!«

Säbel schlugen scheppernd gegen Offiziers-, Stuhl- und Tischbeine, Monokel stürzten von Junkeraugen hinab in die Tiefe, baumelten eine Weile wie irrsinnig gewordene Pendel und sprangen dann wieder in die Augenhöhlen zurück. Und der Schweiß sickerte unablässig in Backen-. Schnurr- und Knebelbärte.

Claude Vigée
Die Konfitüre

Eines der großen Ereignisse des Jahres in unserem gemeinsamen Leben war das Kochen von Konfitüren und Gelees, das Einwecken von Obst und Gemüsen, das in Gläser abgefüllt Reserve für die langen Wintermonate war. Die Ernte stammte natürlich aus unserem eigenen Garten, den Großvater Jules in seinen jungen Jahren im vorigen Jahrhundert selbst angelegt hatte. Die Spalierbirnen, die gegen Ende

1 soranisch: hier für elsässisch

des Sommers an den abgebröckelten Ziegelmauern unseres kleinen Grundstücks reiften, hatten Berühmtheit erlangt im alten Viertel um die Laub ... Ich war dabei, wenn die Früchte auf dem großen Gußeisenherd gekocht wurden, über einem Feuer aus Buchenscheiten und Briketts in der Küche meiner Großeltern, wo sich seit der Ära Napoleons III. nichts verändert hatte.

Marie hatte mir das Privileg erteilt, als erster den süßen, heißen Schaum zu kosten, der manchmal ins Violette, dann wieder ins Goldgelbe oder Granatfarbene spielte und sich als dicke Schicht über unerschöpflichen Mengen Konfitüre ständig neu bildete. Zuständig für die Zeremonie der Konfitüren, leckte ich hingebungsvoll die klebrigen langen Weißblechlöffel und die gelblichen Holzspatel, mit denen die verlockend duftende blubbernde Masse umgerührt wurde. Sie glich der überbordenden Lava im Krater eines tätigen Vulkans. Abschließend säuberte ich mit den weit gespreizten Fingern beider Hände, um ja nichts von der Herrlichkeit übrigzulassen, den Boden der riesigen, noch warmen Töpfe, sobald die köstliche, bernsteinfarbene, dampfende Mirabellenkonfitüre ausgeschöpft war. Die besten Marmeladen jedoch wurden meiner Meinung nach aus den reifen Zwetschgen hergestellt, nach dem Rezept für »Gwetsche-Schleggel« oder aus den kleinen Hagebutten der wilden Rose: das cremige rote Mus gab es damals nur im Elsaß. Heute ist das »Buddemües« fast ganz von unseren Tischen verschwunden, denn es wird weder in Fabriken erzeugt noch in Supermärkten vertrieben, die die Marmeladenschränke unserer Vorfahren abgelöst haben ...

André Weckmann
Marikknepfle

Sonniger Sonntag. Soranischer Sommersonntag 1930. Von den Heckgärten her zieht dann und wann der Hauch einer Brise durch die geöffneten Fenster. Die Hand unseres Herrn Jesu Christi segne uns und die Nahrung, die wir genießen werden. Segne die Rindfleischsuppe. Segne die Rindfleischplatte. Segne den Lorbergsilvaner. Das schönste Service hat Mutter Cécile aus dem Büffet geholt, fayencegelbe und fayenceblaue Blumengirlanden rahmen die goldene Suppe und die hellgrauen Marikknepfle ein.

Marikknepfle, vulgo Markklößchen: weiches, ultraweiches auf der Zunge schmelzendes köstliches Konglomerat, leckere Frucht eines goldenen, fetten, mit Petersilie gewürzten Meeres. Aphrodisiakum, das in einer diffusen Empfindelei umherschwimmt, sagen außenstehende Gastronomen; in die Tiefen des Unterbewußtseins versenkte und verdrängte politische Triebe, außenstehende Psychoanalytiker; kelto-ligurisch-primär-alemannisches Substrat, das den Soranern erlaubt, die soranischen Paradoxe auf unnachahmbar soranische Weise abzureagieren, außenstehende Ethnologen.

Marikknepfle: so zart, daß sie den Anschein erwecken, jeden Augenblick zerbröckeln zu müssen, in tausend Teilchen zu verfallen, und doch widerstehen sie dem zersetzenden Angriff des fettäugigen Milieus. Marikknepfle: Sinnbild der soranischen Urtugend, die sich im psychischen Plasma des soranischen Seins von Generation zu Generation fortpflanzt. Was wäre ein soranischer Sonntag ohne sie? sagt Vater Schang. Was wäre das soranische Gemüt ohne sie?

Aber schon werden herbere und rüdere Sachen aufgetragen: das graubraune, mit glimmerigem Fett durchsetzte

Steinbourg/»Steiweri«: alte Wirtsstube der ehemaligen Bahnhofswirtschaft

Rindfleisch, dazu die dicke rote Karotte, der säuerliche Lauch, der neutrale Kohlrabi, der scharfmilde Selleriesalat, die fade Rotrahne und endlich der ursoranische, feinzerriebene Meerrettich, der die Nasenhöhlen kitzelt, der die Augen befeuchtet, der den Gaumen abkratzt und der rindernen Schalheit Charakter verleiht.

Der Meerrettich, sagt Vater Schang, das ist der soranische Witz. Und was der Champagner für den Pariser, das ist der Meerrettich für den Soraner. Ja, Kinder, was wäre ein soranischer Sonntag ohne ihn, was... Aber Vater, wir sind ja schon beim Dessert! Ach so, ja.

Jean Egen
Der Leichen-Imbs

Am Friedhofstor empfängt die Familie die Beileidsbezeugungen. Damit wir auch Teil am ›Anteil‹[1] haben, reihen wir, die Vetter, uns neben den Erwachsenen auf, und die Zeremonie kann beginnen: Man küßt uns, man schüttelt uns die Hände, daß die Finger weh tun, man tätschelt uns Köpfe und Schultern. Das erleichtert mich sehr, und dem Pauli macht es einen Heidenspaß. Auf dem Rückweg fragt er mich, ob ich den ›Zirkus‹ gesehen habe, den Henriette vollbrachte. Ich habe diesen ›Zirkus‹ beobachtet. Henriette hatte die kleine Kiste mit dem Großvater drin gesehen, sie hatte den Totengräber gefragt, was darin sei; dieser hatte gesagt ›d'r Herrgott‹, und sie hatte verstanden ›der Herr Gott‹. Sie wollte die Kiste mit nach Hause nehmen, ich hatte gesehen, wie Pauli das Lachen nicht verhalten konnte, vernünftigerweise hätte ich mitlachen sollen, aber ich war zu

1 Elsässischer Beileidsspruch: Ich nehme Anteil (am Leid)

unglücklich, und Henriettes Spuk ist mir vertraut. Sie macht nicht nur bei Begräbnissen ihre Possen, während des Hochamtes oder der Vesper steht sie auf, säubert mit Taschentuch und Spucke die Füße des heiligen Antonius oder staubt das Lamm von Johannes dem Täufer ab, man läßt sie rumoren, sie ist das Kind des ganzen Dorfes. Nur wenn sie auf die Kanzel steigen will, hält man sie ab, Onkel Nicolas flüstert ihr zu, draußen unter dem Lindenbaum warte der Tagesheilige auf sie. Dann leuchtet ihr Gesicht auf, sie verläßt die Kirche, geht um den Lindenstamm herum und schaut ins Geäst, ob sich der Heilige nicht zwischen den Blättern versteckt habe, sie vergißt alles wieder, kehrt in ihre Kirchenbank zurück, setzt sich, wenn alle Leute stehen, steht auf, wenn die anderen sitzen, keine Möglichkeit läßt sie aus, etwas verkehrt zu machen. Auf dem Friedhof hat sich Onkel Fuchs um sie angenommen und sie von der Kiste mit dem Großvater entfernt. Sein großer Bart fasziniert sie, sie glaubt, Onkel Fuchs sei der heilige Petrus, und als sie ihn um seinen Segen bittet, willfährt er anstandslos ihrem Wunsch. Sie springt glücklich davon.

»Hast du keinen Hunger?« fragt Pauli. Ich sage nein, der Anstand läßt es an diesem Trauertag nicht anders zu; trotzdem, gleich werden die Mittagsglocken läuten, wohl war das ganze Dorf auf dem Friedhof, aber in allen Häusern wacht eine Großmutter oder eine Tochter beim Herd. Aus allen Küchen dringen die besten Wohlgerüche auf die Straße, unsere Mägen werden zu leeren Höhlen. Gestern hörte ich, wie sich Elisa sorgte, die Trauer werde uns hungriger denn je machen. Womit solle sie nur diesen Riesenhunger stillen? Seit zwei Tagen schon kampiere der ganze Stamm im Gasthaus, Hühnerhof und Kaninchenstall seien fast leer, das Gemetzel könne nicht so weitergehen. Mutter und die Tanten hatten beraten, was zum ›Leichen-Imbs‹ zu reichen sei.

Freilich, von einem einfachen ›Imbiß‹ konnte natürlich keine Rede sein. Über die Vorspeise war man sich gleich einig: Fleischbrühe, Suppenfleisch und Salate, das ist ein leichtes Vorgericht, das dem Appetit keinen Abbruch tut. Als Hauptgericht schlug Tante Marie – es war immerhin mit vierzig Gästen zu rechnen – einen ›Baeckaoffa‹ vor. Mama hatte protestiert, das sei doch ein unterelsässisches Gericht, aber Tante Marie hatte darauf bestanden, der Vorteil liege darin, daß man einen ›Baeckaoffa‹ für vierzig vorbereite und sich achtzig daran satt essen könnten. Und weiter: Dem Vetter aus Paris und der Kusine aus Le Havre könne man damit imponieren, die Franzosen verständen sich schon auf Kochkunst, aber ein Gericht mit vier Sorten Fleisch, das würden sie eben nicht kennen. Solcherart ist nämlich der ›Baeckaoffa‹: Rind-, Lamm-, Schweine- und Gänsefleisch in einer duftenden Marinade von Riesling und gebettet auf blättrig geschnittenen Kartoffeln. ›Baeckaoffa‹ ist das elsässischste und also das festlichste aller Eintopfgerichte. Schließlich war Mama unter der Bedingung einverstanden, man möge sich auf drei Sorten Fleisch begrenzen und von Gänsefleisch absehen, schließlich solle ein Leichenimbs einfach sein … Nach dem ›Baeckaoffa‹ natürlich Münsterkäse, dann Kirschkuchen, Kaffee, die Schnäpse, ›Kirsch‹, ›Quetsch‹ und ›Himbeer‹, das würde die Trauergäste in ihrem Leid leiblich und seelisch stärken. Da ich der Beratung beiwohnte, hatte ich den Vorschlag gemacht, statt Kirschkuchen ›Vacherin‹, also Eiskuchen, aufzutischen. Tante Marie, die seit einer Stunde nur vom Essen sprach, schalt mich aus: »Du denkst nur daran, dich vollzustopfen.« Ich schämte mich, aber gleichzeitig geriet ich in Zorn, ›Vacherin‹ wollte ich nicht so sehr zum Schlemmen als zum pietätvollen Gedenken; Großmutters Eiskuchen waren das reinste Wunder, sie hatte immer noch ein großes Stück für

Haut-Koenigsbourg (12. Jh., um 1900 wiederaufgebaut)

mich irgendwo verwahrt, ihre Augen leuchteten vor Freude, wenn ich darüber herfiel. Hätte ich das aber gesagt, so hätte man mich ausgelacht, man wußte, wie sehr ich das gute Essen schätze. Wahr ist, daß ich während des Trauergottesdienstes und auf dem Gang zum Friedhof immer wieder an die Obsttorten gedacht hatte, ich mußte direkt kämpfen, um sie aus dem Kopf zu bekommen. Aber nun liegt Großmutter unter der Erde, das Leben geht weiter, und so unangenehm ist dieses Leben nicht: Es hebt genau in der Gaststube wieder an, Elisa und ihre beiden Nichten decken schon die weißen Tische für die vierzig Gäste.

Als die Trauergemeinde das Zimmer betritt, spiegelt sich die Sonne im Geschirr, der Wein prunkt golden in den Flaschen, der ›Baeckaoffa‹, der noch in der Küche brodelt, erfüllt bereits das ganze Haus mit seinem weinigen Duft. Man setzt sich um den großen Tisch, faltet die Mundtücher auseinander, und schon sind alle Organe des Essens und Genießens mobilisiert. Elisa und ihre Nichten tragen die Fleischsuppe herein. Dieser Punkt der Tagesordnung wird wortlos erledigt. Dann bringen sie das Suppenfleisch und die Salate. Das Schweigen dauert nun nicht mehr lange. Gespräche beginnen, ihr leichtes Geplätscher mischt sich unter das Geräusch der vielen Gabeln und Messer, über den Tisch streicht ein linder Hauch der Lustbarkeit. Als dann die ovalen, irdenen Geschirre mit dem ›Baeckaoffa‹ erscheinen, tönt zwischen das ›Ah‹ und ›Oh‹ das erste Lachen. Man vergleicht die drei Fleischsorten, und Onkel Henri hat einen anderen Vergleich gewagt, und die Kusine aus Le Havre ein wenig gekitzelt, sie ist nämlich ein Frauenzimmer, wie es die Elsässer lieben, mit Rundungen, welche die Finger geradezu anziehen. Man verspottet Onkel Henri, man lobt die Gekitzelte, andere Hände werden frech, anderes Lachen wehrt sie ab, nun hat das Trauermahl seine obligate Stimmung gefunden.

Jetzt kommen auch die Witze, die lustigen Geschichten, eine nach der anderen. Wir, die Kinder, wir machen, als würden wir sie nicht verstehen, die meisten nehmen Bezug auf das beliebteste Vergnügen der Erwachsenen, nämlich das Kindermachen, aber wir begreifen die Anzüglichkeiten sehr wohl, oder zumindest glauben wir sie zu begreifen. Von diesen Geschichten kenne ich schon die saftigsten, jene, die meine Onkel und Tanten veranlassen, mich aus dem Zimmer zu schicken, wenn sie sie erzählen wollen. Ich gehe dann schon, jeder lobt meine Unschuld und meinen Gehorsam, was sie aber nicht wissen, das ist, daß ich mit meinen Ohren in Hörweite bleibe, und so hat das gute, unschuldige Kind mit den gespitzten Ohren auch erfahren, was einmal dem Onkel Fuchs und dem Seppi, dem Epstein-Seppi, ›Maidlaschmecker‹ genannt, bei einer Reise nach Mülhausen widerfahren ist. Wenn die Vetter wollen, erzähle ich es gern. Sie wollen es.

Also: Onkel Fuchs und Seppi begeben sich einmal auf eine lustige Fahrt nach Mülhausen. Dort machen sie die Bekanntschaft einer hübschen Dame, sehr nett und gastfreundlich, sie lädt die beiden ein, unter ihrem Dach zu schlafen. Aber sie hat nur ein Doppelbett, und Onkel Fuchs, der einen leichten Rausch hat, ist bereit, auf dem Sofa zu schlafen. Der ›Maidlaschmecker‹ legt sich aufs Bett neben die Dame, und schon greift er an, mit den Händen natürlich. Und dazu stellt er komischerweise Fragen. »Wem gehören denn diese hübschen Ärmchen?« sagt er und »Mir« antwortet die Dame. So geht es weiter mit den Schulterchen, den Brüstchen, den Händchen, und die Dame beteuert immer wieder, daß alles ihr gehöre. Seppis Hände verschwinden unter der Decke und finden dort Bäckchen, von welchen er wieder nicht weiß, wem sie sind. Jedoch diesmal bleibt die Dame schweigsam, und Seppi drängt, er will wissen, wem die Wunder gehören, die seine Hände füllen. Aber Onkel Fuchs auf dem Sofa möchte schlafen, und so dreht er sich um und rät der Dame: »Sag ihm schon, Margarete, wem dein Arsch ist, damit wir endlich schlafen können.«

Die kleinen Vetter jubilieren, sie geifern vor Freude, das Wort ›Arsch‹ schafft ihnen einen unsäglichen Genuß. Elsässisch ist es noch schöner: Aaarrsch, Aaarrsch, das Wort ist rund, füllt den ganzen Mund, und das ›R‹ rollt so genüßlich zwischen Zunge und Halszäpfchen, ich bin ganz glücklich, daß sie sich so vor Lachen winden. Tante Marie, die in der Küche einen Nachschlag ›Baeckaoffa‹ besorgt hat, kommt am Tisch der Kleinen vorbei, sieht, wie mein Gesicht glänzt: »Ja schaut, der Schangala weint nicht mehr, der Schangala lacht, er schüttelt sich sogar vor Lachen. Wenn das die Großmutter sieht, wird sie ihre Freude daran haben.«

Claude Vigée
Das Hochzeitsmahl des Marcel Lévy

Wir kehrten hungrig und vergnügt in Hermancens »Gerkisch« zurück, bereit, uns das Hochzeitsmahl munden zu lassen, das für die werten Gäste im großen Saal vorbereitet war …

Die Gänge folgten einander ohne Unterbrechung, begossen von den besten elsässsischen Weinen, alle koscher, versteht sich; angefangen vom Grauburgunder über einen hervorragenden Riesling bis zum Gewürztraminer … Über uns brach eine Sturzflut von Markklößchen in Bouillon herein, von Karpfen nach jüdischer Art in Aspik, die sich auf weichen Lagern aus grüner Petersilie suhlten, eine Fülle salpetergeräucherter Zunge, gut gebräunter Brathähnchen, Zicklein am Spieß, rosig saftiger Lammkeulen, zwiebelgefüllter Rindermägen und Gänsehälse, knuspriger Kugel mit Birnen und Backpflaumen. Und wie soll man dann noch die Desserts aufzählen, gigantische Obsttorten, Sorbetts, schwarze Inseln von Schokoladenkuchen, die in einem goldenen Meer aus Karamel oder Weißweincrème mit Eischnee schwammen? Zum Schluß kamen diverse Gläschen Kirsch, Quetsch, Himbeer, Mirabell …

Drei Jahre später begann der zweite Weltkrieg. Der junge Marcel Lévy, glücklich verheiratet und bereits Vater zweier Kinder, wurde 1939 wie alle wehrfähigen Männer seines Jahrgangs einberufen. Mit dem Rest der in Auflösung befindlichen französischen Armee wurde er im Mai 1940 von den Deutschen gefangengenommen und verbrachte die Kriegszeit bis 1945 in einem Ostpommerschen Gefangenenlager, das die Nazis für jüdische Kriegsgefangene eingerichtet hatten. Dank seiner bäuerlichen Herkunft, robust gebaut, überlebte er die Mißhandlungen und die Hungerrationen, womit die Hitlersche Siegesmacht die gefangenen jüdischen Soldaten bedachte.

Seine junge Frau, die mit den beiden Kleinkindern vom Oberrhein in den Süden Frankreichs geflüchtet war, wurde dort mit vielen anderen französischen Bürgern, die das Unrecht auf sich geladen hatten, als Juden im französischen Elsaß geboren zu sein, durch die Polizei des französischen Staats der Gestapo ausgeliefert. Die Frau unseres Cousins Marcel Lévy und ihre beiden Kinder wurden nach Auschwitz deportiert, kurz nach der Ankunft im Lager vergast und in den Öfen des Krematoriums verbrannt.

Louis-Edouard Schaeffer
Der Zwetschgenkuchen

Während ich die Champs-Elyseés hinaufgehe und in der Sonne des Septembernachmittags vor mich hinträume, fährt plötzlich auf einer Terrasse eine Hand lustig in die Luft. Es ist eine Saaltochter aus Straßburg, die so einladend herüberwinkt. Wahrhaftig, man hat sie in die Elsässertracht gesteckt, und zusammen mit ihr segelt ein halbes Dutzend Kolleginnen mit flatternden Schlupfkappen über die Terrasse. Mit dem Verschwinden der elsässischen Nationaltracht hat es also noch gute Weile, da sie sich in der Nachbarschaft des Triumphbogens so breit und sicher ins Schaufenster legt.

Solche Elsässer Restaurants, große und kleine, gibt es in Paris eine ganze Reihe, auf den Boulevards und in den Seitengassen.

Die Elsässer machen es nicht nur mit der Tracht, sondern mit dem Essen und Trinken. Es ist eine ihrer stärksten Waffen in der Welt. Wo sonst findet der Pariser und der Fremde immer eine Reihe so handfester Platten parat, jedes Gericht unübertroffen an Gediegenheit und Reichhaltigkeit, an dem er sich wirklich satt essen kann?

In einem kleineren Pariser Elsässerlokal blühte mir ein denkwürdiges Erlebnis. Es war im Herbst. Die Besitzerin, eine Oberelsässerin, wandte sich mit der gewichtigen Mitteilung an die Gäste, sie begebe sich jetzt in die Küche. Es fiel niemandem ein, über das gehackte und holprige Französisch zu lachen, das sich anhörte, als knarre und ächze ein hochbeladener Kornwagen über die Dorfstraße. Aber alle dachten, diese feierliche Ankündigung habe etwas Besonderes zu bedeuten, und blickten erwartungsvoll der »Patronne« nach, die entschlossenen Schritts die kleine eiserne

Wendeltreppe zur Küche hinabstieg. Bald erschien sie wieder, die rechte Hand hielt den Fuß einer weißen porzellanenen Platte umklammert, sie trug die Platte in der Höhe des Hauptes vor sich her, feierlich, wie eine Monstranz. Ein paar Wespen summten darüber hin, und ein süßer und zugleich herber, ein würziger und verführerischer Duft durchzog das kleine Lokal. Donnerwetter, ein Zwetschgenkuchen, ein unverfälscht elsässischer Zwetschgenkuchen! Das goldgelbe Fleisch und die bläulich-violette Schale der satt aneinandergereihten Zwetschgen leuchtete und lachte verlockend von der knusperigen Kruste, und die Zwetschgen, von Zimt und Zucker überrieselt, badeten in ihrem rötlichen Saft.

Die Gäste hatten sich alle begehrlich erhoben und bildeten Spalier. Das Wasser lief ihnen längst im Munde zusammen. So legte der Zwetschgenkuchen seinen Triumphzug zurück bis zur Theke.

Die Elsässer sind friedliche Eroberer. Sie erobern Paris und die Welt – einen Zwetschgenkuchen in der Hand.

Treppenaufgang in altem Weingut

Aus dem Reigen der Jahreszeiten: Weihnachten

Otfrit von Weißenburg
Die Verkündigung

Da kam ein Bote unsers Herrn,
Ein Engel aus dem Himmelszelt,
Und brachte diesem Jammertal
Die höchste Kunde, die es gibt.
Er flog den Pfad des Sonnenballs,
Er flog die Straß' des Sternenalls,
Er flog die Weg' der Wolkenwelt
Zur Jungfrau, die dem Herrn gefällt,
Zur Frau, der Adel wohnet in,
Zur heiligen Maria hin.
Die Ahnen alle Mann für Mann
Sie waren Niemand untertan.
Er trat in ihren Palast ein,
Und traf sie voller Trauer an,
Den Psalter hielt sie in der Hand,
Den gläubig sie zu Ende sang.
Sie wirkte auch so eben jetzt
Ein äußerst feines Tücherwerk
Aus Garn von übergroßem Wert;
Die Lieblingsarbeit war es ihr.
Da sprach der Engel ehrfurchtsvoll
Wie man zu Frauen sprechen soll,
Wie guten Boten es gebührt,
Zu der, die Gottes Mutter wird:
»O schönste Jungfrau, Heil sei dir!
Du aller Jungfrau'n höchste Zier,
Heil dir, die aus der Frauenwelt
Als liebste sich der Herr gewählt!«

Otfrit von Weißenburg
Die Geburt

Es war erfüllt Mariens Zeit,
da sie ein Kindelein gebar,
wie keines noch auf Erden war,
so einen himmellieben Sohn,
wie er uns längst verheißen schon,
wie ihn die Menschheit sich von Gott
ersehnte lang in ihrer Not.
Doch, ach, wo konnte sie ihn pflegen,
und wo ihn baden, wohin ihn legen?
Als fremder Gast im fremden Haus,
da wußte sie nicht ein und aus.
So wickelte das Kindelein
sie sorglich zart in Tücher ein
und legte dann in ihrer Not
in eine Krippe unsern Gott.
Sie gab darauf mit Mutterlust
dem Kind die allerliebste Brust,
und nährte, hochbeglückt in Wonn,
den Gottes- und doch eignen Sohn.
Gepriesen sei Maria groß,
die du dies Kind hieltst auf dem Schoß,
es liebvoll kostest und umhegtest,
es zärtlich dann zum Schlafen legtest!
O selig bist du, die es stillte,
und die in Windeln weich es hüllte!
O selig bist du, die den Wind
wohl wehrte ab von diesem Kind!
O selig sind dir Hand und Arm,
die hielten es so liebewarm!
Es lebt niemand im Erdenkreis,

der ganz dein Lob zu singen weiß,
und niemand, der sich könnt' vermessen,
er hätte deinen Wert ermessen.

Johannes Tauler

Uns komt ein Schif gevaren,
Es bringt ein schönen Last
Daruf viel Engelscharen,
Und hat ein grossen mast.

Daz schif komt uns geladen,
Gott vater hatz gesant,
Ez bringt uns grossen Staden,
Jesum unsern heilant.

Das Schif komt uns geflossen,
Daz Schiflein get an Lant,
Hat Himel aufgeschlossen,
Den Sun heruz gesant...

Daniel Ehrenfried Stoeber
Der erste Schnee

Weiße Flocken,
Greiseslocken,
Sinken nieder,
Bringen wieder
Uns den Winter
Ernst und still.

Auf dem Dache,
An dem Bache,
Auf den Feldern,
In den Wäldern
Blinket lieblich
Junger Schnee.

Sterngeflimmer,
Mondesschimmer,
Silberstrahlen
Freundlich malen
Berg und Wiesen
Rings umher.

Nachtgestalten
Zieh'n und walten,
Nebel schweben,
Geister heben
Sich vom Kirchhof
Leis empor.

Eichen sausen,
Stürme brausen, ...
Wie im Tanze
Schwebt im Glanze
Frommer Unschuld
Zarter Schnee.

Marie Hart
Wihnachte im 19. Johrhundert in Bouxwiller

D'Vorbereitunge

Sechs Wuche vorher han schun d' g'heimnisvolle Arweiten ang'fange; denn for de Babbe han m'r e jedes Johr Pantoffle g'stickt, for d' Mamme-n-e *fichu* oder e *fanchon* g'häkelt oder e Paar Sticherle g'strickt. D' Kleine han Strumpfbändel gemacht oder e Nastuech g'saimt un Büejelbischle g'stickt. Un je nuther 's Fescht kummen isch, dechte öefters sin m'r zue unsere guete Friend, d' Madam Kowler, geloffe, e Strängel Siid, Woll, *canevas* oder Stricknoodle kaufe, deschte iifriger han m'r an unsere »*surprises*« g'schafft.

For de Babbe-n-isch guet schaffe g'sin: der het nie ebs g'sehn, wenn m'r noch su nuht bi'm g'sessen isch! Awer d' Mamme het ihre *fanchons* un Sticherle hundertmol ze sehn krejt, un wenn m'r noo gejammert han drüewer, het se-n-uns getröescht: »Ich vergeß es widder!«

In der *salle de travail*, bi der Mamsell Brey, het au alles Wihnachtsarweite gemacht: 's Minus-Marie e prächtig's *portefidibus*, 's Dokter-Louise e Ziehkäschtche, do het's mit veieletter Siid druf g'stickt: »Echte Perlen«. 's Ehrhard-Elise e Tafel üs *canevas de Bristol* mit em e g'stickte Biwelspruch üs schwarze Grällele. In d' *majuscules* het ihm d' Mamsell Brey noch e paar Goldfäde ning'stickt.

»*Comme c'est simple et distingué!*« het se dervun g'sait, denn 's Ehrhard-Elise isch ihr Fifi g'sin. Unser Mimi het e Bischele g'strickt, in der Mittlen e grußi Rus' owe e Vöjel un unten e Haas.

»*Comme c'est paysan!*« het d'Mamsell Brey derzue g'sait; »*mais chacun son goût!*« denn unser Mimi isch nit ihr Fifi g'sin.

E paar Daa vor Wihnachte isch d' Ufreijung un d' Erwartung fascht nemmi ze ertrawe g'sin. M'r han lüter Sache g'sehn, wie uns üßer uns gebroocht han. D'Mamme het nuer allewiel Inkaif gemacht; wenn m'r am viere heim sin kumme, het's g'heiße, sie isch bi 's Ehrhards oder bim Herr Korn, oder bim Herr Groß, un wenn m'r g'fräut han:

»Was macht se denn dort?« het 's Kindsmaidel – des het aa schun e paar Daa 's Mül nemmi zamme gebroocht – uns g'antwort:

»Ei, was wird se mache? Sie redt mit em Chrischtkindel!«

Im Labretorium hat der Daniel nuer noch Zucker, Mandle, Zimmet oder Kardamume g'stoße, oder er het uf eme gruße Brett Zitronat g'schnitte. Un wenn m'r g'fräut han:

»For wenne machsch denn des, Daniel?« het er als gelacht:

»Ei, for wenne wor ich's mache? Fors Chrischkindel!«

Der Welsch het e Kischt vun Stroßburig bi uns abgelade, die het der Daniel üsgepackt, un wie m'r han welle züegücke, het er uns furtg'schaßt. Der Boorig het g'heimnisvolli Päckle gebroocht, mit dene isch d' Mamme in der *longue chambre* verschwunde. Der Babbe het e Sendung vun der *pharmacie centrale* üs Paris kreijt, die isch regelmäßig e jed's Johr kumme, un m'r han schun gewüeßt, was drinnen isch: e Kischtel voll Schokolaadetäfele un e Korb Orange; awer erscht am Wihnachtsowe han m'r dervun kreije solle.

Un nooch em Nachtesse, wenn d' Kleine im Bett gewenn sin, het 's Leenel 's gruuß Kuechebrett in d' Stub gebroocht, Mehl, Butter un Eier hering'stellt, der Babbe hat de Zucker un d' Mandle üs em Labretorium g'holt, un d' Herzhörnle sin gemacht wore. Acht grußi Bäckeblech voll, un was m'r an Teig g'schleckt han, hätt noch emol e halb's Blech voll genn.

Am andere Daa het der Babbe mit em G'hüelf un em Daniel d' Basler Leckerle gemacht, denn die sinn schwer rühre g'sinn:

»Des isch ken Arweit for Wibslit«, het er als g'sait; »do g'höert Kraft derzue!«

In der Abedeeg han d' Litt nuer noch gueti Sache g'holt; jedi Famili het uf Wihnachte e eijeni Spezialität gebache; d' Madam Ehrhard het Pfeffernüeßle gemacht, un der Babbe het ihre derzue Zimmet, Ingwer un Kardamume stuße lon. D' *tante Louise* het Schenkele gebache un Rusewasser derzue g'holt. D'Madam Sunnemann het Änes kreijt, denn sie het d' schöensten Änesbröedle in höelzere Formen üsgedrüeckt. 's Bärewirts han au Basler Leckerle gemacht un han alles derzue bi uns gericht bekumme.

Henri Solveen
Christi Geburt in einem elsässischen Dorf

Die Dächer weiß,
Die Giebel dunkel
Und aus den Fenstern, Lichtgefunkel:
Da lag das Nest in Schnee und Eis.

Auf Hof und Scheune fiel Gewicht,
An Bäumen hing es wie in Bällen.
Doch in den Ställen
Sah man's nicht.

Da weht es warm
Um eine Krippe,

Dort stand drum rum des Hauses Sippe,
Und Marie hielt das Kind im Arm.

Der Nachbar Michel aber fand:
»Da Klaine do hat no nit gasse –
Das ze vergasse
Esch a Schand!«

Der Fusi lacht:
»Do hasch e Wecke« –
Der Doni bringt die weichste Decke.
Der Seppi aber staunt und wacht.

Madleen und Anna schalten recht
Und sagten: »'s Kind muess gli geh schlofe, –
Net bi da Schofe!« –
Das wär' schlecht.

So kam herein
In Haus und Stube
Der kleine Christ als Flüchtlingsbube,
Und unterm Deckbett schlief er ein.

Marie und Joseph blieben da
Noch lang zu Gast mit ihrem Kinde:
Im Dorf die Blinde
Plötzlich sah.

Ein Lahmer ging,
Ein Tauber hörte,
Kein Zwist mehr dort die Eintracht störte,
Und Segen war mit jedem Ding. – –

Im Zimmer wird es mählich still.
Die Urschel hält mit reden inne –
Doch in die Sinne
Weihnacht will.

Elly Heuss-Knapp
Der »Chrischtkindelsmarkt«

Die große Festzeit im Jahresablauf war für unsere Buben ganz wie für uns in der eigenen Kindheit der weihnachtliche »Chrischtkindelsmarkt«. Schon am Tag vor der Eröffnung strömten die Schulkinder auf den großen, langgestreckten Broglie-Platz zusammen, um zuzugucken, wie die Buden aufgeschlagen wurden. Es hat seinen Reiz, so hinter die Kulissen zu schauen. Zwar empfindet man es fast wie ein Sakrileg, alle die dunklen, schmutzigen Bretter zu sehen, die morgen von Gold- und Silberstoff verkleidet funkeln und schimmern werden. Man nimmt sich vor, die ganze Unordnung und den Schmutz gleich wieder zu vergessen, aber spannend ist es doch, den Aufbau der Buden zu beobachten und die seltsamen groben Reden zu hören, die die Lebkuchenhändler miteinander tauschen.

Die Verkäufer haben alle dunkle Gesichter, schwarze Augen und pomadisierte Haare. Die Frauen tragen ihre Frisuren von unwahrscheinlicher Höhe, durchsteckt mit Elfenbeinkämmen, fast wie einen Turban auf dem Kopf. Fast alle haben heisere Stimmen vom Ausrufen und vom Zanken, dicke Hände, klebrig vom Zucker und grau vom Staub, und Filzpantoffel an den geschwollenen Füßen.

Kinder denken es sich herrlich, in der Gutslebude zu stehen, Bonbonstangen, türkischen Honig und Lebkuchen zu verkaufen und selbst nach Herzenslust zu essen. Aber

Neuwiller-lès-Saverne: Abteikirche St. Peter und Paul

ich hatte zu viel Mitleid wegen der Kälte und mehr noch wegen der eigenartigen Fremdheit dieses Völkleins. Es muß schlimm sein, nicht dazu zu gehören. Das Unbürgerliche schreckt und lockt.

Endlich einige Tage vor dem Fest, wenn's schon dreiviertel auf Weihnachten war, wurden die drei Reihen von Buden fertig, und dazwischen schob und drängte sich die Masse der Kinder und der Erwachsenen. Spielwaren und Töpfereien, Christbaumschmuck und Süßigkeiten gab es – im Grund weder besser noch billiger als in den Läden auch. Aber der bunte, glitzernde Schmuck, das grelle Gaslicht, die lachenden, drängenden Menschen ergaben ein sinnverwirrendes, aufreizendes Bild. Es war sicher so, wie sich die Neger den Himmel denken.

Wo die Zeilen der Buden aufhörten, fing der Wald von Christbäumen an. Das war alles ruhiger und fast feierlich. Die schönen Schwarzwaldtannen standen festlich bereit, und die Familien suchten sich ihren Baum nach langem Prüfen. Jede fand ihren am schönsten, eigentlich sogar nur ihren, die anderen erschienen einem minderwertig. Bekannte, die es mit dem Künstlerischen hatten, hingen ihren Baum voll japanischer Fächer. Wir waren empört und nannten ihn den Antichristbaum.

Das Lustigste vom Chrischtkindelsmarkt kam am frühen Nachmittag des Heiligen Abend. Wir hatten die Taschen voll Geld, das meiste waren fremde Stiftungen, aber auch die letzten Pfennige des eigenen Taschengelds waren dabei, bestellten die Buben aus dem Knabenhort auf den Broglie-Platz und suchten unter der Schar der anderen Kinder noch solche heraus, die blaß und frierend mit leeren Händen und gierigen Augen dastanden und höchstens einen messingnen Knopf in der Tasche trugen. Die ganze Bande zog mit uns von Bude zu Bude, und jeder durfte sich etwas wünschen, eine Ziehharmonika oder Flöte, einen Papierball an der Gummischnur, einen kletternden Affen oder ein Holzklavier. Das Aussuchen dauerte lang und noch länger das Tauschen. Für den Rest des Geldes gab es große Tüten voll Gutsle, um die sich die Buben rauften und die man den Mädchen zusteckte, weil sie sonst zu kurz gekommen wären.

Emile Storck
Dezamber

Horch wie der Wind in der Nacht
druss an de Làde rumort;
wie n'er dra schittelt un bohrt,
hilt un am Holz umekracht!

Drowe isch Winter im Wald,
Schneeduft verwàiht in de Tanne,
Iss hat wie glasigi Granne
sich in de Greeser verkrallt.

Schnidige Biswind pfifft
scharf in de Schàft vu de Fohre.
Steihert sin d'Waldwàg gfrore,
d'Hecke stehn wiss iwerrifft.

Kalt verstreit 's Firmamànt
Stàrne in Dreieck un Schwade:
Orion, Milchstross, Pleiade,
Glitzerstauib ohne And,

flimmrigi, glànzigi Pracht,
wie wenn Milione vu Kerze

sich in der windige Schwärze
rischte fir d'Wihnachtsnacht.

Dezember
Horch wie der Wind in der Nacht / drauß an den Läden rumort; / wie er dran schüttelt und bohrt / heult und am Holz herumkracht!

Droben ist Winter im Wald / Schneeduft verweht in den Tannen / Eis hat wie glasige Grannen / sich in die Gräser verkrallt.

Schneidender Beißwind pfeift / scharf in den Schäften der Föhren / Steinhart sind die Wege gefroren / die Hecken stehn weiß überreift.

Kalt verstreut 's Firmament / Sterne in Dreiecken, Schwaden / Orion, Milchstraße, Plejaden / Glitzerstaub ohne End'.

Flimmernde, glänzende Pracht, / als ob Millionen von Kerzen / in der windigen Schwärze / richten die Weihnachtsnacht.

Emile Storck
Wihnachte

Stàrnle schneie, Flocke keie,
lichti wissi Fàderflocke.
Engele wu Schneeblüescht streie
gehn durch d' Nacht uf Silwersocke

Kerze zinde, Goldhoor winde
Liecht im griene Tannebauim.
Kleini, grossi Kinder finde
was si gwunsche hàn im Trauim.

Mensche singe, Glocke klinge
in der Neeche, in der Wite.
Fride soll's uf Arde bringe,
Gott zur Ehr fir alli Zite.

Weihnachten
Sternlein schneien, Flocken fallen / leichte, weiße Federflokken / Englein, die Schneeblumen streuen / gehn durch die Nacht auf Silbersocken.

Kerzen brennen, Goldhaar winden / Licht im grünen Tannenbaum / kleine, große Kinder finden / was sie wünschten sich im Traum.

Menschen singen, Glocken klingen / in der Nähe, in der Weite / Friede soll's auf Erden bringen / Gott zu Ehr für alle Zeiten.

Yvan Goll
Schnee-Musik

O Wildschnee Buntschnee Meiner Seele Schnee
Ein Blizzard ruinierter Sterne
Und zerbrechender Triangel

Hört ihr die Schneemusik im Wintertal
Das siebenfarbene Spiel
Des aufgelösten Regenbogens
Der über Hügelgeigen streicht
Und mein ovales Herz?

Selbst der Schneevogel schweigt

André Weckmann
Die Dromedare

Bern Biri ist einer der Zehntausenden von jungen Elsässern, die ab 1942 von den Nazis zur deutschen Wehrmacht zwangseingezogen und an die russische Front geworfen wurden. In einer Gefechtspause schreibt er seinem Vater …

»Wir sprangen auf zum Sturmangriff, Vater. Wir, das heißt die Kameraden. Ich humpelte hinterdrein, der Blasen wegen, die ich mir auf dem langen Anmarsch geholt hatte. Ich habe zu empfindliche Füße, Vater, ich bin leider nicht zum Marschieren geboren. Flanieren, ja, das tue ich gern, mit Rucksack, Spazierstock und einem Grashalm zwischen den Lippen: so würde ich den ganzen Kontinent durchwandern können. Aber hat man je einen Soldaten gesehen mit einem Spazierstock in der Hand?

Wir liefen den Sturmangriff. Weißt du, wie so etwas vor sich geht? Stolz die Fahne voraus, wenn nicht in ihrer stofflichen Wirklichkeit, so doch wenigstens im Geiste mit; dann schneidige Leutnants in den Panzerluken, Leutnants wie schwarze Erzengel; und blankgewienerte Regimenter frisch und fröhlich hinterher, Regimenter, die gestern noch auf Kasernenhöfen saubere Fingernägel und Taschentücher vorzeigen mußten beim Ausgehappell. Und es schmettern die Fanfaren der Sondermeldungen durch alle Gemüter und Gehirne: Leute, das ist so schön, so zackig, so erhebend wie in der Wochenschau!

Mein Trupp flitzte durch ein Gehölz. Wie ein Orkan rollte die Hurrawelle zwischen den Stümpfen hindurch. Schon sahen wir die Ebene vor uns liegen, die mit tausendmäuligem Gebrüll die Leutnants in Empfang nahm. Schon hüllte der Pulverdampf die Sinne ein und verwandelte die Jünglinge in heroische Amokläufer für des Reiches Gloria ... da mußte es geschehen.

Unsereiner hat halt immer Pech. War mal was los, wo man mitspielen durfte und sein Wort dazu bellen und Weltgeschichte schreiben, tja, durfte man endlich mal dabei sein, da stolperte man, fiel längs in ein vom Feuer verschontes Jungtannendickicht hinein und ging dort der Weltgeschichte verloren.

Das Nest war mollig und traut, ein moosiges Lager in Ellenhöhe dicht überdacht. Mochte wohl ein Reh drin gelegen haben heute nacht. Quatsch, hier gibt es doch keine Rehe mehr. Von der Stirn troff Blut auf die Nase. Das kam von diesem dürren Ast, den ich im Fallen geknickt hatte. Hätte auch ein Streifschuß sein können, dachte ich, war vielleicht einer, dachte ich weiter und streckte mich behaglich aus.

Dunkel war es da drin, ein seltsames Dunkel, das ein sanftes Leuchten in sich barg, so daß die Spinnweben silbern aufglühten, wie Sternenlicht, das sich in einem zarten Nebelschleier bricht, o Birische Romantik! Und es roch so würzig nach Harz und Tannenzweig, nach Nüssen, Orangen und Mandarinen, nach Engelshaar und Kerzenwachs, nach Zimtkuchen, Mandelgebäck und Rosinen.

Es roch so würzig nach Weihnachten, Vater, nach Christbaum und Großmutter und auch nach dir, Vater, nach der exotischen Extramischung, die du dir zur Feier der Nacht in die Pfeife zu stopfen pflegtest – oder war das eine Sinnestäuschung, blieben da an meinem Weihnachtsbaum verwehte Schwaden hängen des verdammten Weihrauchs, den die dort unten ihren Götzen opferten, Vater?

Und da wuchsen weiße Lämmer aus dem Moos, da schüttelten gipserne Hirten das Stroh auf, ein getünchter Engel blies die Posaune Halleluja, der Ochs brach sich ein Horn, weil sein Kopf zu groß war und die Stalltür zu niedrig. Und die Hände der Mutter zuerst, nach ihrem Hinscheiden dann die Hände der Großmutter, wühlten ein palästinisches Flußtal aus, füllten sein Bett mit Kieselsteinen, stützten die Ufer mit Packpapier ab, legten einen überdimensionalen Zelluloidfisch hinein und schlugen endlich eine schmale, brüchige Brücke, die viel zu gebrechlich war für die schwarzen Kameltreiber und ihre Dromedare. Deshalb konnten sie auch nie die Stadt Bethlehem erreichen. Vielleicht werden sie es dies Jahr trotzdem schaffen? Und ich, Biri, würde nicht dabei sein, um dem Mirakel beizuwohnen ...

Jetzt, wie ich das niederschreibe, Vater, schäme ich mich. Denn wie kann man mit achtzehn noch so gefühlsduselig sein? Wie kann man als Elsässer, wie kann man als ein Biri, wie kann man, wie kann man, o rührseliger Christkindmandelrosinenhallelujafimmel, wenn die Sonne dampft, wenn das Kupfer flüssig wird, wenn es rote Fetzen hagelt, blutrot, feuerrot, mordrot. Wie kann man so in Vorkriegs- und Vorpubertätssehnsüchten schwelgen, während die Kompanie zerhackt wird, während der Malik in Festungshaft sitzt, während der Mangus irgendwo in Frankreich Bomben legt, während, während, während ... Und der Kutz im KZ, der Wolser erschossen, die drei Mertzloff gefallen, o Gott, Vater, und dein Junge hockt in einem moosigen Nest und wartet aufs Christkind ...«

Da kamen aber die Panzer zurück. Da humpelten die schneidigen Leutnants vorbei, da zottelten die ehemals blankgewienerten Regimenter trostlos ihren Weg zurück. Und ein Gefreiter trug huckepack den geschlagenen General hinterher. Aus dem heroischen Sturmangriff war eine unplanmäßige, unsagbar desolate Absetzbewegung geworden. Biri kroch aus seinem Weihnachtsbaum heraus und konnte sich Gott sei Dank unbemerkt wieder in die Kameradschaft eingliedern.

»Streifschuß?« fragte ihn der Nebenmann. »Schwein gehabt, Jung!«

Als sie über dem Bach waren, wo die Ausgangsstellung lag, ließen sie sich wie müde, nasse Mehlsäcke in den Graben fallen. Es begann zu dunkeln. Vor ihnen legten drei verkohlte Baumstämme einen langen, schwarzen Schatten über den Wasserlauf. Biri sagte zum Nebenmann:

»Du, dies Jahr werden sie es schaffen.«

»Wen meinst du?«.

»Die Schwarzen mit ihren Dromedaren.«

Der Nebenmann schaute ihn verblüfft an dann konnte man ihn murmeln hören:

»Hat sicher einen Klaps abgekriegt, der arme Junge…«

Es kam die Nacht über sie. Der Junge sah, weit hinten in Straßburg, die alte Sandsteinmutter auf ihrem Nest hocken, beide Hände auf den Bauch gelegt, mit hunderttausend Kücken unter ihrem altfränkischen Rock. Er hörte im Wasser den überdimensionalen Fisch gurgeln. Seine Klamotten rochen noch nach Tannenzweig und Mandelkern. Aus Osten trug ihm ein Windhauch das fremdländische Gemurmel der Kameltreiber ins Ohr. Und im Niemandsland lagen drei stahlgraue Dromedare.

»Um Mitternacht griffen sie dann an, die Kameltreiber, Vater. Herodes aber bot seine Reserven auf, runentragende blonde Recken, die die Ostländischen über den Jordan zurückwarfen. Auch dies Jahr, Vater, werden sie es nicht schaffen. Die Brücke war überhaupt viel zu schwach für die schweren Dromedare. Es geschehen keine Wunder mehr,

Jüdischer Friedhof bei Rosenwiller

Vater, es wird nie mehr Weihnachten werden ... Nun liegen wir irgendwo in der judäischen Wüste und dösen. In zwei Stunden werden wir abgelöst. Dann geht's wahrscheinlich in die Etappe. Und Urlaub sollen wir auch bekommen. Denn die Kompanie besteht nur noch aus zehn Mann.«

Überm Elsaß dröhnte eine Hundertschaft Bomber. Die große Sandsteinmutter am Strom blies die letzten Kerzen aus und sprach ein Stoßgebet. Ein blinder Zug fuhr weit im Osten durch die laue Nacht.

»Was für ein Landsmann bist du?« fragte gähnend ein Soldat seinen Weggenossen.

»Kommst wohl aus dem Schwäbischen, was?«

»Nein, aus Soranien«[1], antwortete der andere.

»Wo liegt denn das Kaff?«

»Am Jordan«, erwiderte der bleiche Junge.

»Nie was 'von gehört«, brummte dann der Soldat überm Einschlafen.

Emma Guntz
Weihnachten I

Leichte Beute des Winters
die braunen Dornen eisig überkrustet
eine letzte blasse Rose im frühen Schnee
der ihre zarten Blätter rostig brennt
nackt steht sie da im Sonnenschein
des nächsten Tags
frohlockend glänzt im Apfelbaum
ein roter Apfel
unversehrt

---

1 Soranien: poet. Name für das Zorntal im Unterelsaß.

Weihnachten II

Im hochgewölbten Leib
der kleine Fisch
im warmen Lebenswasser
unter Schmerzen
ausgestoßen in die kalte Welt
wenn die Zeit gekommen ist

Emma Guntz
Verkündigung

Freude war in ihr und Angst. Eigentlich mehr Bangen als Angst oder Furcht, denn sie wußte nicht, ob sie dem gewachsen war, was vor ihr lag. Oh nein, es war keine Last, keine Bürde. Eher eine Verantwortung, eine Aufgabe.

Sie fand das richtige Wort nicht, das genau ausdrückte, was sie empfand. Erwartung. Ein warmes Gefühl, das sie bis in die Fingerspitzen erfüllte, und gleichzeitig dieses wehe Ziehen in der Brust. Sie sang vor Freude und hatte gleichzeitig Mühe, die aufsteigenden Tränen hinunterzuschlucken. Sie lachte und es klang wie ein Schluchzen.

Natürlich hatte sie wieder kein Taschentuch bei sich. Nicht einmal eines aus Papier, das sich gewöhnlich in ihrer Hosentasche befand. Aber heute hatte sie einen Rock angezogen. Für die besondere Gelegenheit, weil es praktischer war.

Eine Hand steckte ihr ein Taschentuch zu. Erleichtert griff sie danach, lächelte dankbar.

Prüfend schaute er sie an. Ganz in Weiß gekleidet. Sie wußte, daß er nicht einverstanden war mit ihr, daß er sie nicht verstand. Weil es doch möglich gewesen wäre, die ganze Sache diskret in Ordnung zu bringen. Gerade in ihrer Lage, hatte er gemeint, sei es doch besser gewesen... Die Sache aus der Welt zu schaffen... Wo es ihr doch gerade auf das Gegenteil ankam: daß eine Spur übrigblieb. Viel mehr als eine Spur. Ein sichtbares Zeichen, eine ständige Erinnerung, ein Aufruf zum Nicht-Vergessen. Eine Zukunft.

Ob sie recht tat? Ob sie das Recht hatte, es zu behalten? Für sich? Ganz für sich?

Daß es nicht möglich war, wußte sie. Als ob es einem je allein gehören könnte. Als ob man es besitzen könne oder darüber verfügen.

Nicht sie hatte bestimmt, daß es Wurzel gefaßt hatte in ihr. Wie hätte sie sich gegen eine solche Gabe entscheiden dürfen?

»Wie ist es dazu gekommen, Maria?«, fragte der Weiße.

Sie antwortete nicht. Wie hätte sie es ihm erklären können. Worte hatten einen so falschen Klang, gingen an der Wahrheit vorbei, an dem, was sie fühlte, gefühlte hatte.

Ein paarmal hatte sie versucht, es Joss zu sagen, sich ihm anzuvertrauen. Wenn das warme Glücksgefühl abebbte und Zweifel in ihr aufstiegen. Wenn sie das Gefühl hatte, ihn verraten zu haben, sein Vertrauen, seine Zuneigung. Seine Liebe.

So lange kannten sie sich. So sicher waren sie einer des andern. Alles hatten sie miteinander geteilt, jede Entdekkung, jeden Zweifel. Alles hatten sie sich gesagt.

Es war, als ob der eine wüßte, was der andere fühlte und dachte. Sie liebten dieselben Dinge. Einer versuchte, in die Welt des andern einzudringen, sie zu ergründen. Sie liebten sich. Wenn man diese Ruhe, diese Selbstverständlichkeit, dieses Gefühl des tiefen Friedens, Liebe nennen konnte.

Sie hatte das getan. Heiraten wollten sie. Heiraten und einer dem andern gehören. So lange hatten sie aufeinander gewartet. Ohne Ungeduld. Die Hast oder der Spott der andern kümmerte sie nicht.

Und dann dieser Herbsttag, an dem es sie nicht zu Hause gelitten hatte. Ein goldener Tag. Mit blauem Himmel und warmem Wind. Unwirklich schön die mächtigen Bäume im weiten Park. Als ob sie sehnsüchtig die Arme ausbreiteten.

Die tiefhängenden Zweige einer Buche hatte sie beiseite geschoben und stand in einem grün-goldenen Baumzelt. Silbergrau der Stamm. Sie schlang die Arme um ihn und legte das Gesicht an seine warme Rinde. Langsam streichelten ihre Hände über seidige Borke, spielten mit knorrigen Unebenheiten. Machten erstaunt halt.

Ihre Finger waren auf andere Finger gestoßen, die sanft die ihren berührten, ihr Handgelenk liebkosten, sich lösten, zurückkamen.

Mit geschlossenen Augen erforschte sie diese Hand. Glitt über lange, schlanke Fingerglieder, ertastete gewölbte Nägel, schmiegte ihre Finger in die kühle, glatte Handfläche.

Sie sehnte sich nach dieser Hand. Auf ihrem Gesicht. Auf ihrem Körper. Sie war es, die die anderen Finger auf ihre Wange legte, auf ihren Mund. Ihre Augen waren jetzt weit geöffnet und sahen den anderen. Seine Augen, seinen Mund. Streng sah er aus und schön. Er lächelte.

»Da bist Du ja.«

Sie ließ sich auf den Boden des Baumzeltes gleiten und streckte die Arme nach ihm aus. Sie sagte kein Wort. Er sah ihr in die Augen. Forschend. Fordernd.

»Schön bist Du, meine Freundin.«

Warm seine Stimme, warm und fest seine Hände. Und zart.

Kühl und leicht lag sein Körper auf dem ihren.

Wie Wind sang es in ihren Ohren. Und da war auch ein

warmer Regen. Wie lange sie in seinen Armen lag? Sie wußte es nicht.

Nur einmal hatte er noch gesprochen. »Du hast mir ›ja‹ gesagt«, erinnerte er sie leise. »Vergiß das nicht. Doch kannst du ›ja‹ in ›nein‹ umwandeln. Du sollst die Entscheidung treffen.«

Und dann war er gegangen. Von einem Augenblick zum andern war er nicht mehr da gewesen. Wie vom Erdboden verschwunden.

Sie hatte sich nicht gerührt und lange seinen Schritten nachgelauscht. Ein leichtes Federn des Grasbodens, ein leises Knirschen der kieselbelegten Parkwege. Ein Schwirren von Vogelflügeln. Ein Singen.

Es sang in ihr. Sie hatte dem Sonnenuntergang hinter dem dichten Blättervorhang zugesehen und war glücklich gewesen.

Und es war in ihr gewachsen, wie sie es erwartet hatte.

Niemandem hatte sie etwas gesagt. Hatte den Zeitpunkt abgewartet, wo es zu spät gewesen war, um »nein« zu sagen, um zu zerstören, was in ihr wuchs.

Dann erst war sie zum Arzt gegangen, der sie von klein auf kannte. Um es sich bestätigen zu lassen.

Denn sie würde öffentliche Hilfe in Anspruch nehmen müssen. Allein würde sie sein mit der Erinnerung und der Zukunft. Eins sein mit dem Kind. Mit ihrem Sohn. Wie lange?

Sie stand auf und gab das Taschentuch zurück. Bedankte sich und zog leise die Türe des Sprechzimmers hinter sich zu. Da waren noch einige Formalitäten zu erledigen. Dann würde sie nach Hause gehen und es den Eltern sagen. Die würden ihr gram sein.

Und wie sollte sie es Joss erklären? Schon längst hätte sie es ihm sagen müssen. Ob er etwas ahnte? Der Liebe, der

Gute. Sie würde ihm wehtun. Aber nicht einmal ihm gegenüber fühlte sie sich schuldig.

Freude war in ihr und Angst. Eigentlich mehr Bangen als Angst oder Furcht. Als sie aus der Türe der Arztpraxis trat, legte sich eine Hand auf ihre Schulter. Hielt sie fest.

»Maria«, sagte er.

Sie wandte den Kopf.

»Du?«

Tränen stürzten ihr aus den Augen

Fest umfaßten sie seine Arme. Wollten sie an sich ziehen. Sie stand bewegungslos. Horchte in sich hinein.

»Komm«, hörte sie ihn sagen. »Wir gehen.«

Das Herz tat ihr weh, in Freude und in Schmerz.

»Ja«, sagte sie und legte ihre Hand in die seine.

»Ja, Joss.«

André Weckmann
Magnificat

Maria ewer de Bari geht
un lüschtert in ihr Harz.

Läuft de Sànd un rüscht de Bàch
glitzre d'Stein un bischbert 's Gràs.

Maria ewer de Bari geht
un redd mit ihrem Harz.

Reiche d'Baim de Schatte witersch
läuft e Brisel vor 're har.

Maria ewer de Bari geht
un singt in ihrem Harz

singt mitem Wind
singt mitem Bàch
singt mit de Lerich in de Sunn:

Liëwes isch mir gschahn vom Herre
Grosses het de Herr àn mir gedon.

D'Hoche setzt'r àlli àb –
d'Kleine lepft'r üsem Staub.

D'Arme màcht'r àlli sàtt –
laar gehn àlli Riche üs.

Mini Seel lobt Gott de Herre –
miner Geischt frait sich in Ihm.

Grosses het de Herr àn mir gedon –
Liëwes isch mir gschahn vom Herre.

Maria ewer de Bari geht
's Kind in ihrem Harz.

Magnificat
Maria über den Berg geht / und lauscht tief in ihr Herz. / Rieselt der Sand und rauscht der Bach / glitzern die Steine und wispert das Gras. / Maria über den Berg geht und redet mit ihrem Herzen. / Reichen die Bäume den Schatten weiter / läuft eine Brise vor ihr her.

Maria über den Berg geht / und singt in ihrem Herzen /

singt mit dem Wind / singt mit dem Bach / singt mit der Lerche in der Sonne:

Liebes ist mir geschehn vom Herrn / Großes hat der Herr an mir getan. / Die Hochgestellten setzt er alle ab / die Kleinen lüpft er aus dem Staub. / Die Armen macht er alle satt / leer gehen alle Reichen aus. / Meine Seele lobt Gott den Herrn / mein Geist freut sich an ihm. / Großes hat der Herr an mir getan / Liebes ist mir geschehn vom Herrn.

Maria über den Berg geht / das Kind unter ihrem Herzen.

Martin Graff
Der Tango des Bischofs

Erfolglos versucht er, seinen Kopf in die Hände zu stützen. Erschöpft läßt er sich widerstandslos auf seinen Gebetsschemel gleiten und wird ohnmächtig. Der Bischof von Straßburg hat gerade erfahren, daß die Kathedrale von Ausländern besetzt worden ist. »Die Kinder klettern auf die Statuen«, hatte ihm Albert, der Küster gesagt. Man schreibt den 24. Dezember: nach dem christlichen Kalender der Weihnachtstag.

Madeleine, seine treue Dienerin, schüttelt ihn wie einen Pflaumenbaum. »Monseigneur! Auf! Kommt gar nicht in Frage, daß Sie sich gehen lassen. Sie haben eine wunderbare Weihnachtspredigt geschrieben, und Sie werden wie gewöhnlich die Mitternachtsmesse feiern.« Madeleine ist seit jeher seine erste Zuhörerin. Er liest ihr die Predigten laut vor, bevor er auf die Kanzel steigt. »Der Schluß ist herrlich«, war Madeleines Kommentar. »Die Christen sollen den Menschen aller Rassen, aller Farben, aller Religionen ihre Türen und ihre Herzen öffnen.«

»Steh nicht rum wie ein Stock und hol den Schnaps«, befiehlt Madeleine Albert in einem Ton, der keinen Widerspruch duldet. »Dann schaust du nach, wie viele Hostien noch in der Krypta sind und holst Wein im Keller.«

Der Bischof schämt sich seiner Gedanken. Der Papst hatte ihm bei seinem letzten Besuch in Rom zu verstehen gegeben, daß die Möglichkeit bestehe, ihn zum Erzbischof zu ernennen. Doch der Papst mag keine Unordnung. Wenn er erfährt, daß es am Weihnachtsabend in der Kathedrale drunter und drüber gegangen ist, besteht die Gefahr, daß er seine Ernennung aussetzt. Ja, der Bischof schämt sich, daß er sich wie ein Bankangestellter verhält, der nur daran denkt, sich wegen einer zusätzlichen Prämie bei seinem Bürochef lieb Kind zu machen. Anstatt die Situation in die Hand zu nehmen, denkt er nur an seine Karriere.

Der Bischof bittet die Jungfrau um Verzeihung und beginnt zu weinen.

Madeleine flößt ihm mit Gewalt ein Löffelchen Marc de Gewürztraminer in den Mund. »Danke, Madeleine.« Schon fühlt er sich wieder gestärkt und steht auf, um ans Fenster zu gehen. Die Festgeräusche dringen durch die ganze Stadt.

Was tun? Die Polizei rufen? Das Konkordat erlaubt es ihm. Ausgeschlossen. Pierre anrufen, die graue Eminenz des elsässischen Katholizismus? Ein Freund von André Malraux, Mitbegründer der elsaß-lothringischen Brigade, er kennt sich in Befreiungsdingen aus. Nein, er würde das in seinem nächsten Memoirenband wieder zu seinem eigenen Ruhm ausschlachten. Mit der Frau Bürgermeister, einer protestantischen Theologin, darüber diskutieren? Sie wäre imstande, sich für die Lesung der Evangelien in Vorschlag zu bringen. Nein. Und was hätte Léon Arthur, sein Vorgänger, getan?

Zu Madeleines großer Verwunderung nimmt er ihr die Flasche Marc de Gewürz aus der Hand und gießt sich einen Schluck hinter die Binde, der eines Holzfällers aus dem Val de Villé würdig gewesen wäre. »Monseigneur!« ruft die Dienerin. »Ja, Madeleine«, antwortet der Bischof ruhig. »Ich mache mich als Kundschafter auf den Weg.«

Er versteckt sich unter dem Poncho, den ihm ein mexikanischer Priester geschenkt hat, und setzt die Baskenmütze seines Vaters auf, die er seit dem Tag seiner Priesterweihe immer als Maskottchen angesehen hat. »Bravo, Monseigneur«, sagt Madeleine sanft und öffnet ihm die Tür. »Haben Sie den Text der Predigt?« »Ich kenne ihn auswendig«, antwortet der Mann Gottes und schlüpft hinaus in die Nacht. Madeleine ist ganz warm ums Herz, wie immer, wenn es ihr gelungen ist, ihren Herrn von einer Depression zu befreien.

Die Rechtsradikalen vom Front National entfalten ihre national-christlichen Spruchbänder: »Christus den Christen!« Dem Bischof gelingt es ohne Mühe, sich durch die Menge hindurchzuschlängeln. Als er endlich die heilige Stätte betritt, bleibt er mit offenem Mund stehen. Tausende von Menschen tanzen und singen in allen Sprachen der Welt. Ein Hund bellt von der Kanzel herunter. Mehrere am Spieß gebratene Schafe strömen einen Duft nach Weihrauch aus. Eine dicke Zigeunerin schnappt ihn am Arm und überredet ihn zu einem ungarischen, mit argentinischen Tangoklängen durchmischten Czardas. »Sieh an, Professor de Montalembert, der Sekretär des Domkapitels, ist ebenfalls da.« Er tanzt mit einer eleganten schwarzen Frau, die ein Kind auf dem Rücken trägt, einen Walzer.

Niemand erkennt den Bischof. Nicht einmal Albert, der ihn daran hindern will, auf die Kanzel zu steigen. Um Mitternacht hält Monseigneur die schönste Predigt seines Lebens. CNN überträgt sie life. Er fordert jede katholische Familie dazu auf, Weihnachten mit einer ausländischen Familie zu teilen. Beifallsdonner erstickt die Proteste einiger Kümmerlinge vom Heiligen Geist. Der Papst schickt ihm noch vor Ende der Homilie ein Glückwunschtelegramm. Zahlreiche Politiker, Frauen und Männer, kommen noch rechtzeitig zur Kommunion. Die Bürgermeisterin von Straßburg sitzt mit allen Stadträten außer den Grünen und dem Front National in der ersten Reihe. Die Bürgermeister von Mühlhausen und Schlettstadt bleiben unglücklicherweise bei Fegersheim in einer Schneeverwehung stecken, nehmen aber über Radio-Telefon an der Kommunion teil. Madeleine weint vor Freude.

Bei den nächsten Wahlen erlebt die äußerste Rechte eine endgültige Schlappe in Straßburg.

André Weckmann
Fer wann'r kummt

Welle mr de Waj ewne
fer wann'r kummt.

Welle mr d'Dorne rüsrisse
Welle mr d'Stein ufhewwe
Welle mr d'Bickel àbdrawe –

Welle mr de Waj ewne
fer wann'r kummt.

Welle mr d'Deere effne
Welle mr de Zün umlaije
Welle mr d'Granze sprange –

Welle mr de Waj ewne
fer wann'r kummt.

Welle mr züenànd gehn
Welle mer ferenànd sin
Welle mr mitenànd sahn –

Welle mr de Waj ewne
fer wann'r kummt.

Welle mr e wàrmi Hànd
uf e jedi Füscht laije
fer dàss d'Füscht weich wurd
un 's Masser keje losst –

Welle mr de Waj ewne
fer wann'r kummt.

Wenn er kommt / damit er kommt
Wollen den Weg ebnen, wenn er kommt / wollen die Dornen ausreißen / die Steine aufheben / die Hügel abtragen / wollen den Weg ebnen / damit er kommt.
Wollen die Türen öffnen / die Zäune umlegen / die Grenze sprengen / wollen den Weg ebnen, damit er kommt.
Wollen aufeinander zugehen / füreinander dasein / miteinander sehen / wollen den Weg ebnen, wenn er kommt.
Wollen eine warme Hand auf jede Faust legen / damit die Faust weich wird / und das Messer fallen läßt: Wollen den Weg ebnen / wenn / damit er kommt.

Epilog

André Weckmann
Der Grenzstein

Gott saß auf dem Grenzstein.

– Sie sitzen falsch, sagte ich zu ihm. Sie müssen sich so setzen, daß Ihre Beine entweder nach links oder nach rechts zu stehen kommen. Die Mitte gibt es nicht, weder in der Theorie noch in der Praxis.

Er sah mich mit großen Augen an.

– Wieso? fragte er. Wollen Sie mir das erklären?

– Man muss wissen, wohin man gehört. Sie können doch nicht einfach sagen: Ich gehöre nirgendwohin, oder ich gehöre zu beiden Seiten!

– Aber das wäre doch die Wahrheit, nicht? sprach er.

– Ja, Ihre Wahrheit, aber nicht die Wahrheit der Leute hier. Die behaupten, Grenze müsse sein!

– Und was passiert, fragte er, wenn ich auf meiner Mitte beharre?

– Vorläufig nichts. Nur werden die Leute verunsichert sein, und man weiß nie, wie dieses Gefühl der Unsicherheit mal zur Explosion führen könnte, wenn es zu stark potenziert wird.

Er zog seine Handschuhe aus und zeigte mir seine vernarbten Hände.

– Sie können recht haben, sprach er. Da wo ich vorher war, saß ich auch in der Mitte, und da hat man auf mich geschossen.

Er fing an, sein Hemd aufzuknöpfen.

– Lassen Sie nur, sagte ich. Ich weiß schon. Aber hat man nicht in Ihrem Namen geschossen?

– Das ist eben das Unverständliche, sagte er mit trauriger Stimme.

– Herrgott noch mal! Sie sollten die Menschen doch kennen, bei Ihrer Erfahrung!

– Tja, sprach er, aber Gott ist naiv, wissen Sie. Und wer sind Sie?

– Ich heiße Sisyphos. Ich bin der Grieche mit dem Stein.

– Auch so ein Narr wie ich, sagte er. Aber haben Sie noch nicht gemerkt, wie Ihr Berg sich bei jedem Ihrer Versuche verändert? Hat nicht Ihr Stein beim Hinauf- wie beim Hinunterrollen Stufen und Dellen in den Hang gegraben? Eines Tages werden die Menschen hinaufgehen können.

– Ja, und ich? fragte ich.

– Tja, sagte er, Sie und ich, wissen Sie ...

Er stand auf, grüßte freundlich und ging weiter. Ich stemmte mich wieder hinter meinen Stein. Da hörte ich plötzlich lachende Stimmen. Zwei Verliebte kamen des Wegs. Sie versuchten, sich auf den Grenzstein zu setzen, aber da kein Platz für zwei darauf war, legte der Bursche ihn einfach um.

Ich sah, wie Gott sich umdrehte und ihnen zuwinkte.

Für heute ließ ich meinen Stein Stein sein und legte mich in die Sonne. Sie lachte grenzenlos.

Anhang

Drei literarische Vogesenwanderungen

Ludwig Harig
Winnetou im Wasgau

Nur ein Greenhorn, das ja bekanntlich beim Laden des Gewehrs die Patrone verkehrtherum in den Lauf schiebt, die Stapfen eines Truthahns als eine Bärenfährte ansieht und zum Friedensrichter läuft, wenn er eine Ohrfeige erhalten hat, anstatt den Kerl auf der Stelle totzuschießen, nur ein solches Greenhorn würde Winnetou für einen Dackel und nicht für den edlen Apachenhäuptling halten; aber dem ist nicht so: der Winnetou unseres Reiseabenteuers ist tatsächlich ein Dackel, ein laubfarbener Rauhhaardackel, Winnetou vom Graubachtal, und das Greenhorn darf in Zukunft sogar ein so starkes Lagerfeuer anzünden, daß es baumhoch emporlodert, wie Karl May erzählt, ohne gleich fürchten zu müssen, daß es von Indianern entdeckt und skalpiert wird.

Einer narrt den andern, und es würde uns nicht wundern, wenn wir fünf Greenhörner zerstückelt im Gras lägen, unsere Knochen wieder zusammensuchten und uns aufmachten in den Wilden Westen, in die Elsässische Schweiz, in den Wasgau. Es ist erster April, da macht jeder Narr, was er will, und tatsächlich, nur ein paar Schritte hinter der Kristallerie von Lemberg, dort, wo die Straße einen scharfen Knick macht und das Bärenthal beginnt, steigen wir mit Winnetou hinab auf asphaltierter Sandsteinerde, zwischen dichten Tannen, im schwarzgrünen Dunkel in ein närrisches Abenteuer.

Licht und Finsternis

Alle Wege beginnen im Dunkel, das heißt, wenn man es genau betrachtet, beginnen sie dort, wo das Dunkel nicht mehr ganz so dunkel ist, als daß man es unbedingt »Dunkel« zu nennen brauchte. Am Anfang war das Licht, heißt es am Anfang der Bibel, und genau dort, wo das Licht anfängt, hört ja auch das Dunkel auf. Ja, alle Wege beginnen im Dunkel, auch der Weg in die Pfalz, wenn man vom Elsaß kommt, denn dort, wo das Elsaß aufhört und das Dunkel am allerdunkelsten ist, da fängt die Pfalz an. An dieser Stelle, an der man nicht einmal ausmachen kann, wo Ende des einen und Anfang des anderen ist, da herrscht die biblische Finsternis, in der beides, Licht und Dunkel, auf geheimnisvolle Weise eingeschlossen sind und sich ganz plötzlich teilen, dann nämlich, wenn Gott sich bemerkbar macht und, kurz und resolut, sagt: Es werde Licht. Diese Anspielung auf Licht und Dunkel und auf Gott, der zwischen beiden hin und her laviert, bevor er sich entscheidet, kommt, wenn man vom Elsaß und von der Pfalz spricht, nicht von ungefähr, denn schon August Becker, der Künder der Pfalz, läßt in dem Gebirge, in dem sich Licht und Finsternis, die Pfalz und das Elsaß voneinander scheiden, eine Gottheit wohnen, ja Gott selbst ist dieses Gebirge, »Wassichin«, wie die Kelten, »Vosagus«, wie die Römer, »Wasgau«, wie die mittelalterlichen Reisenden sagten, das heißt: Auerochsengebirge. Den Urox, wie die alten Deutschen den wilden Ochsen nannten, der sich von dem zahmen nur dadurch unterschied, daß er schwarz war wie die Finsternis und sich über sein Rückgrat ein weißlicher Streifen hinzog wie ein Streifen Lichts in der Dunkelheit, diesen Urox jagten schon die merowingischen und die karolingischen Könige im Wasgenwalde, und auf Specklings Karte des Elsaß vom Jahre 1576 heißt es: »Das Wosagisch gebürg, darinn hat es die menig wilde pfert, Luxs, Beren, marder, katzen, Danhirsch, des andern gewilts ser vil.« Und so schauen wir mit doppelt geschärfter Aufmerksamkeit, denn hinter jedem Holzstoß kann ein Auerochs lauern, aus dem Tannendickicht ein Bär brechen, aus

Rheinland Pfalz: Burgruine Blumenstein, im Grenzgebiet Wasgau-Elsaß

dem Wasser der Zinsel ein riesiger Hecht emportauchen; und den bunten lothringischen Hahn, der hinter der Kapelle von Notre Dame de Mouterhouse auf dem Misthaufen steht und ganz exaltiert kräht, sieht Winnetou als ein flügelschlagendes Monster an, einen Vogel Roch, so respektvoll knurrt er und zerrt nicht einmal an der Leine.

Zwischen den Weiden am Bach stehen zwei Männer in der Wiese mit Messern und Plastiktüten in der Hand, sie stechen Löwenzahn und hören nicht das Ochsengebrüll; ein anderer, im Blaumann und mit keckem Barett auf dem Kopf, steht hinter einem Sägebock und sägt Holz, ohne sich um Luchse und Bären zu kümmern; und wieder zwei andere, einer mit Filzhut, der andere im hautengen Plastikanzug, wandern um einen der Fischteiche herum und achten nicht des mächtigen Flossenschlags. Sie wähnen sich geborgen unter dem Mantel der Notre Dame, unter dem sogar vierzehn Personen verschiedener sozialer Schichten Platz und Schutz gefunden haben. Die Statue in der Kapelle ist frisch angemalt, die Wände blitzen, es duftet stark. Riecht es nach Wachs oder riecht es nach frischen Frühlingsblumen? In einem Pferch weiden Schäfchen zur Linken, Pferde in einer kleinen Koppel, die Zinsel windet sich durch die Wiesen, an Wochenendhäusern vorbei, an »Sanssouci« und an Zwergpalästen im lothringischen Landhausstil, und springt dann über ein altes Schütz.

An einer Wegbiegung steigen wir über steile, eng geschlungene Pfade in den Wald empor. Hier, an der Grenze zwischen Lothringen und dem Elsaß, wo der Wald am dichtesten und das Dunkel am dunkelsten ist, ist auch Winnetou am aufmerksamsten. Er schnuppert sorgfältiger und inniger als sonst, er schnüffelt an jedem Stein, an jedem Stamm; was ist es, dem er auf der Spur ist? Was ist es, das er sucht? Wir steigen an Felsbrocken und Wurzelstöcken vorbei, klettern über umgestürzte Baumstämme, gehen im gesternten Moos. Der Pfad ist wie ein abgetretenes Nadelkissen, die Flechten an den morschen Zweigen sehen wie Häkeldeckchen aus.

Das Gemäuer der Arnsbourg

Jetzt ist die Kälte gebrochen, zwischen den Stämmen leuchten die Sandsteinkuppen wie märchenhafte Pueblos hervor; die Eicheln vom letzten Jahr sind aus den Pfeifchen gefallen und erinnern an berstende Riesenbohnen aus einem Science-fiction-Film. Zicküth, ziküth! ruft eine Nachtigall mit glühenden Augen, fliegt dreimal um uns herum und schreit dann noch dreimal: schu, hu, hu!, aber wir können uns nicht verirren wie Jorinde und Joringel, denn ein gelber Punkt und ein roter Balken kennzeichnet den Weg, den wir gehen wollen. Winnetou schnuppert und schnüffelt, und auf einmal wissen wir auch warum.

Vor uns, am Ende eines Hohlwegs, steigt das Gemäuer der Arnsbourg auf, der Stammsitz der Fäßler von Arnsberg. Einst führten sie auf ihren Helmen ein gelbes Faß mit roten Reifen, darauf einen Pfauenschweif als Helmstrauß, ein lustiges, trinkfestes Rittergeschlecht, und das ist, tausend Jahre später, Winnetou nicht entgangen. Winnetou hat die Nase dicht am Boden, denn die Sage erzählt, in den Kellern des Schlosses lagerten seit Jahrhunderten reiche Weinvorräte, soll es ein gutes Jahr werden, so steige noch vor der Rebenblüte ein süßer Weinduft aus dem Boden empor und verbreite sich rings um das Schloß. Winnetou schnuppert und schnüffelt, und tatsächlich, unter dem Laub scharrt er eine Flasche hervor, vielleicht sind wir den alten Rätseln auf die Spur gekommen. Nie ist jemand in die Gewölbe der Felsenkeller vorgedrungen, die Schatzgräber schaufelten noch in den Frühlingsnächten des vergangenen Jahrhunderts, in den stillen Nächten hörte man bis ins Tal hinunter schallendes Gelächter und klirrenden Lärm, die Ritter schoben mit goldenen Kugeln nach silbernen Kegeln, hieß es, das klang wie sphärische Musik. Vielleicht waren es aber auch die Schleichhändler, die mit blanken Fässern an die Mauern stießen. Längst ist das Schloß in Trümmer gefallen, wir steigen die eisernen Leitern hoch, auf denen wir den Bergfried erreichen, Winnetou stöbert immer noch im Laub. Hinter dem roten Gemäuer kommt eine Wandergruppe hervor, Winnetou knurrt und sträubt sein laubfarbenes Fell, mein Bruder ruft: »Winnetou!« Da greifen die Männer der Wandergruppe nach ihren Fahrtenmessern und stehen zusammen, Rücken an Rücken.

An einer Windung der Zinsel

Zum Mittagessen sitzen wir im Restaurant »L' Arnsbourg«, das unten an einer Windung der Zinsel liegt, genau so abseits und auch so duftig, wie es das Aquarell auf der Speisenkarte zeigt, mit einer Weide am Bachknick, hinter dem Haus die Bergkuppe mit den Tannen, aus denen der Bergfried herausragt, den wir erst vor einer halben Stunde über die Steigleitern verlassen haben. Der Gastraum, mit Trennwänden aus Rauchglas, mit Tulpen in Kristallvasen, mit chintzbezogenen hohen Stühlen, mit prächtig gezimmerter Holzdecke läßt eher an eine sixtinische Bibliothek als an ein Speiselokal denken, und so liegt Winnetou brav unter dem Tisch. Wir speisen. Wir speisen Lachsforelle in Sauerampfersoße, Hirschkalbsnuß mit Preiselbeeren, pochierte Birne in Karamel. »Könige sind es gewohnt, zu verkehren in meinen Revieren, Wildbret jeglicher Art ...«, sagt der personifizierte Wasgau in einem Kampfgespräch mit dem Rhein aus der ersten Elegie des Ermoldus Nigellus an König Pippin, und das sagt auch Winnetou, der behaglich an den Knochen nagt und sein Grunzen hören läßt.

Der Kellner serviert für Gaumen und Auge, auf den Tabletts sitzen Gänse aus gesponnenem Zucker, thronen Reiher aus Biskuit, schwimmen Segelschiffe aus fritierten Kartoffeln. In der Küche werden sie ab- und wieder aufgetakelt, hauchfeine, duftige Dekorationsstücke, die zum Träumen anregen und die Herkunft der Leberpastete vergessen lassen. Der Deckel der Suppenschüssel hat als Griff einen aufgeplatzten Granatapfel aus Silber, es scheppert und klirrt wie in den festlichen Nächten oben im Schloß, als die Ritter nachtmahlten und der elsässische Riesling aus den Krügen in die Gläser sprang.

Wasigenstein im Wasgenwald

Durchs Jaegerthal, an Burg Windeck und Wineck vorbei, erreichen wir Obersteinbach, steigen dorfauswärts aus der Talsohle zum Maimont auf, schwenken von der Jochhöhe einen Pfad abwärts, über Wurzeln wie Krampfadern, über Felsblöcke wie Muskelpakete, und augenblicks treten wir in die alten Sagen ein. Burg Wasigenstein leuchtet rot aus dem Wasgenwalddunkel hervor, der mächtige Doppelfels glüht im Nachmittagslicht. Die Sandsteinsäulen, gekerbt und gewellt, ausgewaschen vom Wasser, rundgerieben vom Wind, von Rissen zerschrammt, von Schrunnen zerspellt, ragen ins Tannendunkel auf; was gemauert ist von Menschenhand, könnte auch von der Natur gefügt sein.

Bronzebraune, rostfarbene, honiggelbe Lagen sind in den Fels eingezogen, kupfergrünes Schuppenhaar des Mooses, blaugraue Bärte der Flechten hängen über steinerne Greisenhäupter, steil fällt die Klippe zu Tal, Winnetous, des Häuptlings Pueblo am Rio Pecos, zwischen Sandsteingraten und Granitblöcken, unter Buschwerk und Baumriesen versteckt, scheint eher in der sächsischen oder der elsässischen Schweiz zu liegen als am Llano Estacado zwischen Texas und New Mexico: »dark and bloody grounds«.

Die finsteren und blutigen Gründe des Wasgaus sind hier am Wasigenstein am finstersten und am blutigsten; hier saß Walther von Aquitanien mit Hildegunde, seiner Braut, und trotzte dem lüsternen Gunther, der mit Hagen und finsteren Kampfgenossen von Worms hergeeilt war, dem Gotenfürsten Braut und Schätze abzujagen. Im Waltharilied des Mönchs Ekkehard aus St. Gallen, lateinisch geschrieben, heißt es in deutscher Übersetzung:

»Weiter ziehend vom Fluß, gelangte der mutige Recke / In ein waldig Gebirg; der Vosagus hieß es schon damals. / Ungeheuer und weit ist der Wald, Verstecke von Tieren / Hegt er in Menge, und oft erschallte er von Hunden und Hörnern. / Dorten stehen an heimlicher Statt zwei Berge benachbart; / Eine enge und liebliche Schlucht liegt zwischen den beiden, / Nicht in die Erde gehöhlt, durch die Gipfel der Felsen gebildet.« Als die Burgunder aus dem Walddunkel an das Felsentor treten, steht Walther da und erschlägt die Rekken, elf an der Zahl, Gunther verliert ein Bein, Hagen verliert ein Auge, Walther verliert einen Arm, das ist genug. Da stillen die Helden, kampfmüde und durstig, ihre Wunden, erneuern den alten Bund der Blutsbrüderschaft und ergehen sich lieber, auf rheinische Art, in grimmigen Scherzreden, verspotten einander und lachen, daß es durch das Tannendunkel wie Geschrei von Bestien klingt.

Gunther, mit einem Bein, wird fortan nicht mehr über die Waberlohe springen können; Hagen, mit einem Auge, wird mit noch quererem Blick die Gäste begrüßen; und Walther, mit einem Arm, wird sein Schwert auf die andere Seite umgürten müssen. »Mit der Linken, wie nett! umfängst in verkehrter Umarmung dein Ehegespons«, sagt Hagen zu ihm, da lachen sie und schlagen sich mit der Hand, die ihnen geblieben ist, auf den Schenkel, der ihnen geblieben ist, Walther ruft zu Hildegunde: »Schenke nun den Wein ein!« und da glänzt der Riesling in den Reisebechern, »mache Brei aus Mehl und Milch und vergiß auch den Speck nicht!« und da freut sich sogar Winnetou; er springt durchs Laub, wedelt mit dem Schwanz und denkt an die Speckschwarte, die für ihn unter den Tisch fällt. Oben im Palas, unter zerfallenen Gewölben, liegen versteckte Grillplätze, Spaziergänger vom Vogesenclub, Wanderer vom Pfälzerwaldverein treffen sich hier in hellen Sommernächten bei Lautenspiel und Volksgesang, auch jetzt quillt aus dem Wendeltreppenschacht ein Wandertrupp mit Kniehosen und Wollstrümpfen, mit Knotenstöcken und Wanderkarten, ein französisches Liebespaar stützt sich gegenseitig auf der steilen, porösen Treppe, unten am Holzabfuhrweg stehen zwei Buchen eng umschlungen. Und während Hagen sein zweites Bein Gunther, dieser seinen zweiten Arm Walther, und dieser sein zweites Auge Hagen leiht, damit aus den zerstückelten Leibern wieder brüderlich zusammengefügte ganze werden, springt Winnetou durchs Gestrüpp und wälzt sich, laubfarben, im Laub. Aber da ruft plötzlich ein Junge: »Monsieur! Monsieur!« er greift in einen Tümpel und zieht Winnetou am Nackenfell aus dem Morast. Jetzt ist Winnetou nicht mehr laubfarben, jetzt ist er saufarben, getarnt wie Winnetou, der Apatsche.

Auf der anderen Seite der Grenze, in Dahn in der Pfalz, ist das Schauspiel des Heldenlieds in Bronze nachgebildet. Vor dem Schulzentrum, in Rüstung und Helm, trotzen die Rekken einander wie Vögel im Streit. Die Visiere ihrer Helme sind geschlossen, sie sehen aus wie Ibisse, die aufeinander einhacken. Die Schwerter sind zersplittert, die Schilde zerhackt, Walthers Hand ragt aus dem Boden, Gunthers Bein aus einer Säule, Hagen hält sich die Augen zu. Hildegunde, mit schmalem Gesicht, anmutig unter der gotischen Haube, kreuzt die Arme, jemand hat ihre Brustwarzen mit Kaugummi nachmodelliert. Es sind Brunnenfiguren, aber noch fehlt das Wasser so früh im Frühjahr; wir sitzen, wandermüde und durstig wie Walther und Hildegunde und alle die Recken, auf dem gepflasterten Brunnentrog, mit ausgetrockneten Kehlen, mit ausgerenkten Gliedern.

Winnetou, immer noch saufarben, sitzt erwartungsvoll neben uns auf dem Beckenrand; die Dahner Klepperjungen, mit Ratschen und Klappern, ziehen lärmend am Brunnen vorbei. Die biblische Finsternis wird enden, dann wird der erste April seine Narren gebändigt und auch die Greenhörner werden ihre Glieder wieder ausgeschüttelt und eingerenkt haben.

Es ist Karfreitag.

André Weckmann
Streifzüge durch die Zaberner Vogesen mit Herrn Brotsch, Keltenfürst i. R.

Saverne / Zabern – von römisch Tres Tabernae, mundartl. Zawere – liegt 40 km westlich von Straßburg an der Bahnlinie Paris–Strasbourg und der Autobahn A4. Die Zaberner Steige (Col de Saverne, 407 m) trennt die Nordvogesen von den Mittelvogesen. Die tafelartigen Höhen der Zaberner Vogesen, links und rechts der Steige, sind fast alle von einer Felsenmauer umgürtet und waren in vorgeschichtlicher Zeit schon besiedelt: vom Mesolithikum bis zur Hallstattzeit und La-Tène-Kultur. Wo der Felsgürtel unterbrochen ist, findet man noch hie und da Spuren von Stein- oder Erdwällen.

Die Wälle, hinter denen man sich in Sicherheit wähnte, die doch immer wieder gestürmt wurden, und was dann geschah: Verwüstung, Vergewaltigung, Massaker. Wäre es nicht besser, fragt man sich, man lasse die Eroberer herein, empfange sie mit Salz und Brot, mäste sie dann – frei nach Herrn Keuners Geschichte – und nach sieben Jahren werfe man die stinkenden Leichen hinaus? Aber man erinnere sich auch an die Ukrainer, 1941: das der Wehrmacht gereichte Salz und Brot ist ihnen nachher sauer aufgestoßen. Gehupft wie gesprungen, sagt Herr Brotsch, und es kommt ein jeder mal dran.

Brotsch: Von Saverne/Zabern auf die Burgruine Haut-Barr/Hohbarr, das »Auge des Elsaß« (P). Ein Wanderweg führt zu den beiden Geroldseck-Ruinen und zum Hexentisch (P), von da (rotes Schrägkreuz) zur Cuve de Pierre/Steinerne Bütte (MA), Aufstieg zur Brotschgrotte und von dort zum Gipfel des Brotschbergs, 530 m, mit dem Aussichtsturm des Vogesenclubs, der teilweise mit den Steinen des Keltenwalls gebaut wurde, der um das Plateau lief. Erste festgestellte Besiedlung des Bergs: zwischen 1200 und 800 v. Chr. Auch in der Hallstattzeit, 800 bis 500 v. Chr., diente er noch als Refugium. Direkter Abstieg zum Hexentisch (roter Ring). Gemütliche Halbtageswanderung.

Das war am ersten Tag, abends. Die Sportkletterer hatten den riesigen Felsklotz verlassen. Ich stand davor und zählte die Kletterhaken. Da kam seine Stimme aus der saalartigen Grotte: Ja, schauen Sie nur, wie sie mein Haus benagelt haben, und hier, die ganze Decke haben sie mir verschmiert! Stimmt, sagte ich, die haben da Überhangklettern trainiert, deshalb diese Magnesiakleckse. Aber wer sind Sie, mein Herr? Mein Name ist Brotsch, antwortete er. Ich bin hier zu Hause seit... ich weiß es selber nicht mehr. Hallstattzeit vielleicht, sagte ich, vor zweitausendsiebenhundert Jahren war das. Du lieber Himmel, seufzte er. Ich stieg in die Grotte und setzte mich neben ihn auf einen thronähnlichen Steinklotz. Ich hielt ihm meinen Flachmann hin. Er schnupperte daran, tat dann einen kräftigen Schluck. Irischer Whisky, sagte er mit Kennermiene. Wissen Sie, ich hab da noch meine Verbindungen zur Nachkommenschaft. Lachte steinern, stand auf und ging.

Wuestenberg: Auf der D 132 von Saverne nach Stambach, dort Bahnübergang zur »Route forestière du Baerenbach« (Forststraße), nach 1,5 km Parkplatz beim Steinernehiesel (kleine Schutzhütte); ca. 400 m auf dem Wirtschaftsweg bis zum Pfad, der rechts abzweigt und zum Wuestenberg führt (blaues Rechteck). Auf dem Gipfelplateau, 520 m, Reste eines Keltenwalls (Mur païen/Heidenmauer, La-Tène-Zeit) und Pierre des Druides/Druidenstein mit einer schalenartigen Vertiefung. Auf dem nicht markierten Pfad gelangt man rechts zum Nordteil der Heidenmauer. Linker Hand kommt man zum Krappenfels. Am Fuß dieses Felsens gibt es vier Möglichkeiten: links zum Steinernehiesel zurück, halblinks zum Schloßberg und den Ochsenstein-Ruinen auf ihren drei wie gestrandete Schiffe aussehenden Felsen (584 m), geradeaus zu den Forsthäusern Haberacker (P an der von Saverne/Haut-Barr kommenden Forststraße). Wer zum Gibraltarfelsen will, geht den Weg, der rechts an der Flanke des Wuestenbergs hochzieht. Vielleicht kann er dort enträtseln, wie der Felsklotz zu diesem Namen kam. 4- bis 6-stündige Wanderung, je nachdem.

Zweiter Tag. Ich treffe Herrn Brotsch auf dem Wuestenberg wieder. Er erwartet mich beim Druidenstein, wir wandern über das Plateau durch Farn und Fingerhutpopulationen.

Ich ziehe die Einsamkeit hier meinem benagelten und verschmierten Hausberg vor, sagt er. Wir setzen uns auf die Nordmauer und schweigen. Da schreitet ein Hirsch vorbei. Hirsche leben ewig, sagt Herr Brotsch. Der war schon zu meiner Zeit da, als wir hier den Wall bauten. Wann war's schon? La-Tène, sagen Sie? Vor kurzem sprach hier einer von Hallstatt. Ist mir auch egal, die Jahrtausende seit unserem Aufbruch an der Donau sind für mich zu einem Zeitklumpen zusammengeschmolzen... Ja, Hirsch bleibt Hirsch. Das Volk vergeht. Meines: ein Teil erschlagen, ein Teil übergelaufen, der Rest in den tiefen Wäldern verschütt gegangen. Und Ihr Volk, fragt er mich dann, ist es immer noch da oder hat man es auch erschlagen? Ich muß lachen: Doch, wir sind immer noch da! Na ja, erwidert er, aber hat man nicht eure Kinder entführt? Die höre ich ja eine ganz andere Sprache sprechen als Sie, wenn die hier vorbeikommen! Da, plötzlich, duzt er mich: Es geschieht dir eigentlich recht, es waren ja deine Ahnen, die mein Volk vernichtet haben. Es kommt ein jeder mal dran: die einen erschlägt man, den andern raubt man die Kinder ... Hast du heute keinen Whisky dabei? fragt er mich unvermittelt. Eines Tages fahr ich übers Meer, um den alten Klang wieder zu hören. Dann langt er mit der Hand in einen Spalt in der Mauer, holt einen runden weißen Kiesel hervor und reicht ihn mir: Den hatte ich damals für dich hineingelegt. Und wie ein Bär brummend verschwindet er im Dornengestrüpp.

Wasserwald: Gallo-römische Streusiedlung mit einer Anzahl Behausungen aus mörtellosem Gemäuer. Die Bewohner, wahrscheinlich keltische Mediomatriker, betrieben mageren Ackerbau sowie Steinbruch- und Holzarbeit (1. bis 3. Jh. n. Chr.). Parkplatz in Stambach; 300 m nach dem Bahnübergang rechts die »Route forestière de Hultehouse« nehmen. Nach etwa 1 km führt links ein Pfad steil hinauf in 40 Min. zum Wasserwald (Gelber Ring). Auf dem Höhenrücken angelangt, kommt man zuerst an einer kleinen Nekropolis vorbei (Urnengräber), dann zu dem sogenannten »Viehweg«, der streckenweise zwischen zwei Mauern verläuft, 25 m rechts davon eine erste Behausung. An einer Gabelung geht es rechts hinunter zum geweihten Areal (z. Zt., Sommer 2000, zugewachsen); geradeaus kommt man nach ca. 100 Schritten zu einem ummauerten Gehöft, links davon ein Dreieck, wahrscheinlich Aufbewahrungsraum für Milchprodukte; ca. 150 Schritte rechts von diesem Gehöft ein zweites: man orientiere sich an einem hohen für eine Hinweistafel vorgesehenen Gestell. Man kann auch die Forststraße hinauf bis zu einer Parkmöglichkeit fahren, dann auf dem einmündenden Wirtschaftsweg links zurück (Wegweiser) und nach ca. 400 m zum Siedlungseingang mit, rechter Hand, dem kleinen Heiligtum, der »Cella«.

Dritter Tag. Hatten wir uns verabredet? Wir schlendern durch die Wasserwaldsiedlung Die hohen Gräser wiegen sich in der Brise. Die wenigen vom Orkan »Lothar« verschonten glatten Hochstämme stechen wie nutzlos gewordene Säulen in den verschleierten Himmel. Dornbüsche legen Schlingen aus. Um uns das leise Summen der Jahrtausende …

Hier schufteten die Überlebenden meines Volks, sagt Herr Brotsch. Schauen Sie sich die Behausungen an, eng niedrig, für Degenerierte, Verbasterte, für… Halt! unterbreche ich ihn, übertreiben Sie da nicht? Es herrschte Frieden im Land, die Pax romana! Und geordnete Zustände! Zivilisation, Herr Brotsch! Zivilisation, das ist für die dort unten, sagt er, die römischen Herren. Hier oben wird für sie geschuftet, Stein gebrochen, Holz verarbeitet, Hunger gelitten! Und hör dir diese Sprache an! Ein grobes Mischmasch, klingt ungefähr so wie euer Sprachensalat heute. Es waren halt die ersten Elsässer! Ich stecke den Flachmann, den ich herausgeholt hatte, wieder ein und sage verschnupft: Sowieso räumten die Alemannen mit der feinen Gesellschaft unten wie mit dem Kroppzeug oben auf, Silvester 406! Sie sind also auch nur ein Hergelaufener, sagt er. Wie Sie, Herr Brotsch! erwidere ich gereizt. Eigentlich hat hier nur der Sandstein Heimrecht!

Ich schultere meinen Rucksack und gehe. Ich höre ihn noch lange rumoren. Oder ist's der Wind in den hohen Buchen?

Mont St. Michel/Michelsberg: Von Saint-Jean-Saverne, mundartl. Santjohann – man besichtige die romanische ehemalige Klosterkirche (12. Jh.) – führt neben dem Friedhof ein steiler Pfad auf den Berg (370 m.). Man gelangt auch auf der Forststraße hin. Der aus dem Edelkastanienwald gewachsene Fels ragt wie ein Kap ins Land hinein. Man kommt zuerst an eine Felsgrotte mit einem in den Steinboden gehauenen karolingischen Sarkophag. Stufen führen hinauf zu der Kapelle, 17. Jh., der sonntags bewirtschafteten Berghütte und ihrem ständig geöffneten Aufenthaltsraum mit Tischen und Bänken für Wandergruppen. Am vorderen Rand der Felsplatte befindet sich eine rätselhafte große, kreisrunde Vertiefung. Der Volksglaube bezeichnete sie als Hexenschule, denn der heilige Berg ist sonderbarerweise auch ein Hexenberg, von hier aus sollen die Hexen hinüber zum Bastberg bei Bouxwiller zum Hexensabbat geflogen sein. Menschliche Ansiedlungen seit der mesolithischen Periode, 6. Jahrtausend v. Chr., die Grotte diente den letzten nomadisierenden Steinzeitjägern als Unterkunft. Hier beginnt der archäologische Rundwanderweg auf den Anhöhen von Saint-Jean-Saverne und Ernolsheim mit detaillierten zweisprachigen Hinweistafeln.

Vierter Tag. Es geht dem Abend zu. Auf dem Michelsberg: Das ist der geeignete Ort für eine elsässische Meditation. Zauber der uralten Geheimnisse, vom Erzengel potenziert. Offenbarungen, die sich den Stab übergeben im Staffellauf der Menschengeschichte. Unten, das Land, die offene Hand. Lebens- und Schicksalslinien zum Labyrinth verknüpft. St. Michael hat sein Schwert in die Scheide gesteckt. Es darf jeder ins Paradies rein, sagt er. Es darf sogar in die offene Hand gespuckt werden; gerichtet wird später, sagt er.

Wir sitzen beide im Ring und pokern um die Zukunft. Ich weiß, er mogelt. Er weiß, ich mogele. Hören wir auf, sagt er schließlich. Es wird sein, wie ihr es wollt, da drunten. Es ist eure Schuld, sag ich. Hättet ihr uns durch die Wüste gejagt wie weiland die Hebräer, anstatt uns in dieses Paradies zu setzen, wäre unsere Seele heute nicht so verfettet. Tja, sagt

Michel, das hab ich dem Chef auch gesagt. Er aber meint, sie würden es schon schaffen, mit der Zeit. Seine Geduld möcht ich haben, sag ich. Ich auch, seufzt Michel, breitet die Flügel wie einen Hängegleiter aus und hebt vom Felsen ab zum abendlichen Patrouillenflug über das Paradies.

Da steht Herr Brotsch plötzlich neben mir. Hier brannten unsere Feuer ein Jahrtausend lang, bis dann dieser Geflügelte kam, sagt er. Ein schöner, eleganter Flug ist's ja, aber da hätten Sie meine Hexen sehen und hören sollen, welch ein Furioso! Er lacht meckernd. Sie alter Angeber, Sie! sag ich. Ja na, sagt er. Na ja, sag ich.

Die Sonne rutscht hinter den Berg. Ein letzter Strahl zuckt noch, rasch wie ein Blitz, über die Hexenbrüste des doppelgipfeligen Bastbergs im Norden.

Der archäologische Rundwanderweg verbindet die wichtigsten Anlagen protohistorischer und historischer Zeit, die zur Überwachung der nördlichen Übergangsstraßen der Zaberner Vogesen errichtet wurden: Mont Saint-Michel – Croix de Langenthal / Langenthaler Kreuz, wahrscheinlich Kopie eines älteren Kreuzes aus dem 17. Jh. – Keltisches Oppidum der Heidenstadt, Erdwall, 2. und 1. Jh. v.Chr. – Gallorömischer in den Felsboden gehauener Plattenweg – Römischer Abgrenzungsstein (Ager Publicus) – Opferteller – Mittelalterlicher Steinbruch (carrière du Frohnberg) – Romanische Festungsanlage Warthenberg auf dem Daubenschlagfelsen. Länge des Wanderwegs: 8,5 km.

Fünfter Tag Auf dem Langenthaler Kreuz suche ich die Inschrift zu entziffern: AELRICHSE(N) 1611, lese ich. Wer war er? Ein Norddeutscher? Ein Schwede? Was war er? Kaufmann oder Soldat? Seit fast vierhundert Jahren sprechen wir immer wieder seinen Namen aus. Doch die Be-

schwörung nützt nichts, er gibt sein Geheimnis nicht preis. Ich kratze das Moos aus der Nische. »Mange tak«, tönt es vom Baum hinterm Kreuz. Ein Däne also, sag ich mir. Aber das war wohl nur ein Specht.

Auf der Bank am Eingang zur Heidenstadt sitzt Herr Brotsch. Haben Sie das Picknick mitgebracht? fragt er. Ich zweifelte daran, daß er einer unserer Vorfahren sein könnte, nun aber bin ich sicher: Denn Elsässer picknicken stets, wenn sie den zum Picknick geeigneten Rastplatz finden, ob sie nun Hunger haben oder nicht. So verinnerlichen sie das Geborgensein in der grünen Stille durch ruhiges, gleichmäßiges Kauen.

Wir picknicken erst auf dem Plattenweg, sag ich, den haben doch Sie angelegt, nicht? Da gehe ich nicht mehr hin, brummt er. Ja, den hab ich angelegt, und dann sind die Römer auf ihm herauf. So ist es immer wieder, die Einheimischen bauen Wege und Brücken, damit die Eroberer ins Land können. Es wird bei Ihnen nicht anders gewesen sein, oder? Ich packe die Stullen aus. Wir kauen schweigend. Haben Sie den Irish Dew dabei? fragt er nach einer Weile. Können Sie mir den Flachmann lassen? Heute abend noch mache ich mich auf den Weg zu den Meinen. Habe lange genug in Fremdsprachen leben müssen! Adieu also, Kenavo, sag ich auf Bretonisch. Er hält sich den Flachmann ans Ohr, schüttelt ihn, lacht laut, und verschwunden ist er. Wie sagt man Gott sei Dank auf Gälisch?

Daubenschlagfelsen mit der Burg Warthenberg; vor 20 Jahren Wiederentdeckung und Beginn der Ausgrabungsarbeiten an dieser gewaltigen Festung aus dem 12. Jh. Schloßgraben, Basis des Bergfrieds, Zisternen, Quermauer, herrschaftliche Wohnkammern. Auf der Felsnase eine kleine Schutzhütte. Der Felsen hieß ursprünglich Scheibenschlagfelsen (Schiweschlaafelse), von dem Fastnachtsbrauch, dünne glühende Holzscheiben mit einem Stab ins Tal zu schnellen.

Abend. Ich lasse den keltischen Opferteller wohlweislich links liegen, wer weiß, ob der Alte nicht noch dort herumgeistert und vergessene dunkle Zaubersprüche einsammelt. Ich habe nun Lust zu lichtem Minnesang und eile der Burg Warthenberg zu. Dort betaste ich die Romanik und schreite bis zur Felsnase vor, Reinmar von Hagenau rezitierend, obwohl man vermutet, daß hier nie eine Laute erklang: Hôhe alsam diu sunne stêt das herze mîn / daz kumt von einer frouwen, diu kan staete sin / ir genâde, swâ si sî / si machet mich von allem leide frî …

Da steht Herr Brotsch schon wieder vor mir: Ja, ich habe die Burg zerstören lassen, kurz nachdem sie fertiggebaut war. Das ging doch nicht an, daß sich auf meinem Grund und Boden fremde Krieger tummeln! Schon wieder Angabe! sage ich. Ich glaubte Sie schon überm Meer? Na ja, brummt er, Heimat bleibt eben Heimat, auch wenn sie einem entfremdet wurde. Und sagten Sie nicht: Nur der Sandstein hat hier Heimrecht? Deshalb bin ich Sandstein geworden …

Und vor meinen Augen verschluckt ihn prompt die abgespaltene Felsnase. He! Und mein Flachmann! rufe ich ihm nach. Unten bellt ein Rehbock.

Opferteller: Der Pfad zum mittelalterlichen Steinbruch führt über eine wallartige mit Felsquadern durchsetzte Erhebung und an schalenartigen Vertiefungen rätselhaften Ursprungs im Felsboden vorbei. Opferstätte oder Stampflöcher? Zirka 60 m rechts davon ein breiter Klotz mit einer großen und einer kleinen Schale.

Sechster Tag. Ich bin froh, den keltischen Kauz endgültig los zu sein. Ich wandere weglos am Fuß des Felsgürtels. Die Menschengeschichte vergessen und sich heute einfach an der Natur erfreuen, an den bizarren Felsformationen, den mit Waben besäten Mauern, den Überhängen, den Nasenspitzen, Einbuchtungen, Fluchten, Stufen …

Dann jedoch zieht es mich unwiderstehlich zu diesem altarähnlichen Klotz mit den Opferschalen hin. Und da sitzt einer an einem schwachen Feuer und löffelt seine Erbsensuppe. Ich bin der letzte Holzschäler, sagt er, ich mach's nur so zum Zeitvertreib, weißt du. Um allein zu sein, um drüber nachzudenken. Hier ist Stille, da wird einem so manches deutlich, was drunten verschwommen ist. Das mit der Ewigkeit, zum Beispiel. Wo kommst du hin, wenn du nicht mehr da bist. Wo sind sie hingekommen, der alte Heidenfürst und seine Leute, die hier um den Stein tanzten? Ich weiß es jetzt: Die sind immer noch da. Nur: wir sehen sie nicht und sie sehen uns nicht. Und sie tanzen immer noch um den Altar. Lach doch nicht. Da sag ich mir halt: Ein jeder bekommt die Ewigkeit, die er sich erträumt hat. Die Heiden tanzen, die Indianer jagen, die Christen singen Halleluja und ich schäle Holz im Wald. Nicht daß ich ein schlechter Christ wär, oh nein. Aber ich schäle lieber Holz als Halleluja singen … Dann schweigt er. Ich schüttle den Kopf im Weitergehen: Von Hand Stammholz schälen, das gibt's doch seit dreißig Jahren nicht mehr! Ich drehe mich nochmal um: Von weitem sieht er wie ein verwitterter Baumstumpf aus.

Als ich später wieder vorbeikomme, höre ich ihn hinterm Wall mit jemandem sprechen: Siehst du, so stell ich mir das vor: Du sitzt an deinem Feuer und wärmst die Erbsensuppe auf. Da kommt der Herrgott um den Felsen, setzt sich zu dir, ißt von deiner Erbsensuppe, trinkt von deinem Wein. Hopp, sagst du dann zum Herrgott, komm, nimm das Schäleisen, wir wollen noch ein paar Festmeter fertig machen. Und plötzlich fängt der Dorn dort an zu blühen. Gell du, so wär's doch?... Da, guck! Er blüht tatsächlich!

Ich durchsteige den Wall. Das Feuer ist ausgetreten. Der Platz ist leer. Und der Schwarzdorn, der doch vorhin da stand, ist verschwunden. Was es nicht alles gibt, sag ich mir und betaste in der Hosentasche Herrn Brotschs Kiesel.

Nicht weit davon, auf dem Sandplatz, dreht ein Fernsehteam. Die Regisseurin weist eben meinen Holzschäler ein. Ich schenke ihr den weißen Kiesel. Mit einem schönen Gruß von Herrn Brotsch. Sie schaut mich verdutzt an und steckt den Kiesel in ihre Manteltasche. Merci, monsieur Brotsch, sagt sie. Um ihren Mund spielt leise Ironie.

(Archäologischer Rundwanderweg: zweisprachiges Faltblatt mit Karte erhältlich bei Mairie d'Ernolsheim, F-67330 Ernolsheim-lès-Saverne und Parc naturel régional des Vosges du Nord, BP 24, F-67290 La Petite Pierre – Jean Joseph Ring: »Les hauteurs du Mont Saint-Michel«, Société d'Histoire et d'Archéologie de Saverne, 46 rue de la Garenne, F-67700 Saverne – Zaberner Steige, Burgruinen Hohbarr/Haut-Barr, Klein und Groß Geroldseck, Ochsenstein: siehe Ferdinand Mehle, »Elsaß und Vogesen«, Morstadt Verlag Kehl 1991, ISBN 3-88571-218-0 – Wanderkarte des Club Vosgien: »Saverne Phalsbourg La Petite Pierre«, beim Buchhandel in Zabern erhältlich.)

Armgard von Harling-Haddouf
Eine Wanderung in den Südvogesen

Anfahrt: Mulhouse – Masevaux – Oberbrück – Dolleren – Sewen – Lac d'Alfeld – kurz davor nach rechts auf einem Sandsträßchen zur Ferme Auberge Baerenbach

Wanderung: Baerenbach (730 m) – Col des Charbonniers (1115 m) etwa 3km – Sternseekopf (1122 m) 3 km – Col des Perches (1071 m) 500 m – Lac des Perches – Sternsee (985 m) 500 m – Moyenne Bers (1081 m) 1,5 km – Großer Neuweihersee (820 m) 1 km – Kleiner Neuweihersee (810 m) Rundgang 1 km – Le Gresson Moyen (937 m) 1 km – Le Gresson Haut (950 m) – Isenbach – nach links Baerenbach 2 km. Insgesamt 13-14 km (oder 4 km mehr, wenn man die Wanderung am Lac d'Alfeld beginnt).

Karte: 3619OT TOP 25 – Bussang-La Bresse – Ballon d'Alsace (Club Vosgien)

Einkehrmöglichkeiten:
Hotel-Restaurant *Rouge Gazon* (westlich vom Sternseekopf), Tel. 03 29 25 12 80

Auberge-Refuge du Neuweiher, Tel. 03 89 82 02 09; außer Saison: 03 89 82 02 53, täglich geöffnet im Juli und August; sonst an Wochenenden und auf Bestellung von Ostern bis November; 2 Zimmer, 2 Schlafsäle

Ferme-Auberge du Gresson, Tel. 03 89 82 00 21, F-68290 Oberbrück; geöffnet täglich außer freitags; 8 Zimmer, 32 Betten im Schlafsaal

Ferme-Auberge du Baerenbach, Tel. 03 89 82 03 65; täglich geöffnet; Übernachtungen im Heu möglich.

Es wird Herbst. Da erwacht die Sehnsucht nach den goldgelben Hochweiden, den »Chaumes« der Hochvogesen. Und so machen wir drei, nicht mehr ganz jungen, deutsch-französischen Wanderfreundinnen uns auf den Weg zu dem südlichsten aller Vogesenseen, dem Lac d'Alfeld am Fuß des Elsässer Belchen (Ballon d'Alsace).

Dieser See ist wie alle Seen der Vogesen (außer dem kleinen See von Sewen) reines Menschenwerk. Wohl hat hier ein Gletscher in der Eiszeit ein Becken gegraben, doch ist dieses im Lauf der Zeit zu einer Moorwiese verlandet. Als der Aufschwung der Textil- und Chemieindustrie im Tal der Doller ein großes Wasserreservoir erforderte, wurde diese Moorwiese durch die Errichtung eines Staudamms 1885 zu einem See, der heute ein beliebtes Ausflugsziel ist.

An diesem frühherbstlichen Wochentag sind wir jedoch ganz allein hier. Schwarzgrün glänzt das Wasser, das sich im leichten Wind kräuselt. Ringsum erheben sich hohe Bergwände. Nach Osten sehen wir weit hinunter ins Dollertal, wo blaß-grau der Lac de Sewen glitzert. Hier könnte unsere Wanderung auch beginnen. Doch heute fahren wir noch 2 km weiter auf einem holprigen Sandsträßchen in Richtung N-W bis zu dem kleinen Bergbauerngasthof Baerenbach. Schnell schlüpfen wir in die Wanderstiefel, hängen uns die Rucksäcke auf die Schultern und gehen los. Sehr bald entwickelt sich der Pfad zu einer rechten Himmelsleiter, die uns durch zerzausten Buchenwald immer in Richtung Norden auf den Hauptkamm bringt. An Holunderbüschen hängen schwere, schwarzblaue Dolden. Zwischen den Bäumen blüht violettes Heidekraut, und Brombeeren verführen zum Naschen.

Nach einer knappen Stunde stößt unser Pfad auf den Kammweg, der uns nach rechts, leicht ansteigend, durch Felsen und knorrigen Buchenwald zum Col des Charbonniers (Köhlerpaß 1125 m) führt. Wir haben jetzt den Langwanderweg Holland–Mittelmeer unter den Füßen (GR5). Auf diesem Kamm verlief für einige Jahrzehnte (1870-1918) die deutsch-französische Grenze. Im Sonnenlicht leuchten Johanniskraut und Fuchskraut, hohes gelbes Gras wiegt sich im Wind. Augen und Seele freuen sich an dem traumhaft schönen Weitblick über die hellen Hochweiden und die dunklen Bergketten. Ganz in der Ferne, im Dunst, breitet sich die Rheinebene aus.

Der Weg ist jetzt geradezu seniorenfreundlich, da können wir lustig schwätzen, schauen und kräftig ausschreiten. Kurz nachdem wir einen lichten Buchenwald betreten, verlassen wie diese »Champs Elysée«, wenden uns nach links und steigen schnaufend in wenigen Minuten zum Sternseekopf (Tête des Perches) hinauf. Hier haben wir den höchsten Punkt unserer Wanderung – stolze 1200 Meter – erreicht. Für die kurze Schinderei werden wir mit einem herrlichen Tiefblick auf den Sternsee belohnt und mit einer weiten Aussicht bis zum Schwarzwald. Den für klares Wetter versprochenen Blick auf die Berner Alpen erleben wir allerdings nicht.

Etwas beschwerlich, sehr steil und teils felsig, steigen wir hinab zum Col des Perches. Dann klettern wir in engen Kehren hinab zu einem besonderen Kleinod der Südvogesen, dem Sternsee (Lac des Perches). Geheimnisvoll liegt er im Herzen der Berge in einen fast alpinen Fels- und Geröllkessel eingebettet. Buchen, Tannen, Eschen und Kiefern überwuchern die steilen Hänge.

Wir erklären dieses »Herrgottsplätzchen« zu unserem Eßzimmer, packen unsere Vorräte aus und stärken uns. Frau Sonne leistet uns dabei willkommene, wärmende Gesellschaft. Der kleine See, eiszeitlichen Ursprungs und künstlich aufgestaut zu einem Wasserreservoir, ist von großer Klarheit. Eine Legende erzählt, daß früher ein Fluch über diesem fast runden Traumsee gelegen habe. Böse Geister trieben ihr Unwesen, und kein menschliches Wesen wagte es, sich ihm zu nähern. Da geschah es in einer sternklaren Nacht, daß ein Kind von seinem Fenster aus eine hell leuchtende Sternschnuppe sah, die sich vom Himmel löste, mit ihrem goldenen Schweif immer näher kam und im zerklüfteten Kessel des verwunschenen Sees verschwand. Das Kind wollte den Stern finden. Es sprang aus dem Fenster, lief durch den Wald, kletterte über Felsen und Geröll, bis es zum See gelangte. Das Wasser glitzerte und schimmerte, der Seegrund schien übersät von leuchtenden Sternen. Das Kind streckte seine Arme aus, um den schönsten und größten Stern zu erfassen, es verlor das Gleichgewicht und versank im See. Durch das Kind von dem Fluch und den bösen Geistern erlöst, trägt der Lac des Perches seither auch den Namen: »Lac des Etoiles« = »Sternsee«.

Wir nehmen Abschied vom Sternsee und steigen auf einem steilen, holprigen Pfad bergan. Wenig später lichtet sich der Wald, und vor uns breitet sich an einem freien Hang ein wogender, goldener Grasteppich aus, eine dieser duftenden »Chaumes« (Hochweiden) der Hochvogesen, die wir so sehr lieben. Bald treten wir wieder in dichten, etwas verkrüppelten Buchenwald ein mit farbigen Heidekrautkissen. In steilen Kehren windet sich der Pfad bergab mit schönen Ausblicken auf die südlichsten Vogesengipfel. Ganz winzig, dann immer größer werdend blinzelt uns der Große Neuweihersee zu. Darüber leuchten die hellen Matten der Gresson-Weiden. Schließlich erreichen wir den fast kreisrunden See, der von hohen Bergwänden umschlossen ist. Am Südufer lädt eine kleine Auberge zum Rasten ein. Nach einem kurzen Besuch des naheliegenden kleinen Bruders, des kleinen Neuweihersees, steigen wir auf einem weiteren steilen Pfad kurz vor der Auberge im Wald aufwärts und halten uns bei einer Gabelung rechts. Als wir aus dem Wald treten, liegt die Ferme-Auberge Le Gresson einladend vor uns, und wir können der Versuchung eines Stücks Heidelbeerkuchen und einer Tasse Kaffee nicht widerstehen.

Danach geht es zurück nach Baerenbach in teils kräftigem Abstieg. Bevor wir dort unser Auto besteigen, gönnen wir uns zum Abschluß dieses abwechslungsreichen Tages in der dortigen Ferme-Auberge ein Glas kühlen Elsässer Wein und stoßen an auf die Freundschaft und das Wandern … in den Vogesen.

Die Romanische Straße des Elsaß

(Auskünfte bei: »Via Romanica« 6, Place du Général de Gaulle, F-67440 Marmoutier, Telefon: 0033388714960, Fax: 0033388714961 E-Mail: ViaRomanica@wanadoo.fr)

Die »Romanische Straße« des Elsaß führt von Wissembourg/Weißenburg im Norden bis nach Feldbach im Süden und bietet über 120 Sehenswürdigkeiten von den bescheidensten Bauwerken bis zu den großartigsten Beispielen romanischer Baukunst.

Ausführliche Auskunftstafeln über die jeweiligen Bauwerke finden Sie in etwa 20 Gemeinden, in Feldbach, Ottmarsheim, Sélestat, Strasbourg und Marmoutier sind besondere Anlaufstellen eingerichtet, und die Städte Guebwiller, Rosheim und Neuwiller-lès-Saverne verfügen über Ausstellungen oder örtliche Museen zum Thema.

Wenn man der Romanischen Straße quer durch das Elsaß folgt, begegnet man den Spuren der Vergangenheit, den Burgen, Kirchen und Klosterbauten aus Vogesensandstein, die unter der Herrschaft der Karolinger bis hin zu den Hohenstaufern errichtet wurden und Zeugnis ablegen von der Entwicklung der regionalen romanischen Kunst von ihren Anfängen bis zur frühen Gotik.

Charakteristisch für die frühesten romanischen Kirchen im Elsaß sind ihre Holzdecken, wobei Gewölbe den Apsiden und Krypten vorbehalten wurden. Bei den Grundrissen unterscheidet man den Zentralbau (nach dem Beispiel der Pfalzkirche von Aachen) und die dreischiffige Basilika, deren Form sich nach und nach durchsetzte.

Lombardische und burgundische Einflüsse machen sich bemerkbar. Im Lauf des 12. Jahrhunderts verallgemeinert sich die Gewölbekonstruktion, die Glockentürme werden höher, das Mauerwerk aus Haustein ersetzt den verputzten Bruchstein. Die Skulpturen werden immer zahlreicher und schmücken die Portale mit Darstellungen aus der Heiligen Schrift. In der Zeit der Spätromanik zwischen 1180 und 1230 werden im Elsaß die neuesten Architekturtechniken verwendet wie der Spitzbogen und das Kreuzrippengewölbe. Doch die Romanik bewahrt sich das ihr eigene Merkmal der klar und schlicht gestalteten Räume.

Die Hauptetappen der Romanischen Straße von Norden nach Süden:

Wissembourg: »Kirche Sankt Peter und Paul« mit dem Glockenturm aus der zweiten Hälfte des 11. Jahrhunderts.

Altenstadt: Kirche »Sankt Ulrich« aus der zweiten Hälfte des 12. Jahrhunderts.

Neuwiller-lès-Saverne: die Kirche »Sankt Peter und Paul« mit Bautätigkeiten vom 9. bis zum letzten Jahrhundert und die im Kapitelsaal der ehemaligen Abtei von Neuwiller eingerichtete Ausstellung.

Saint Jean-Saverne: die dreischiffige Kirche St. Johann, gegen 1150.

Marmoutier: Kirche Sankt Martin, die auf das 12. Jahrhundert zurückgeht und als treue Wiedergabe der karolingischen Vorhallenkirche angesehen wird.

Strasbourg: die romanische Krypta im Münster, die Fassade der Kirche St. Thomas und insbesonders das Liebfrauenmuseum (Musée de l'Œuvre Notre Dame), wo wichtige Elemente des romanischen Baustils im Elsaß zu sehen sind: unter anderem der berühmte »Christ de Wissembourg«, eines der ältesten Kirchenfenster Europas.

Eschau: frühromanische ehemalige Abteikirche St. Trophimus mit Klostergarten.

Rosheim: Kirche St. Peter und Paul, ein Schmuckstück der elsässisch-romanischen Baukunst aus dem Ende des 12. Jahrhunderts mit reichem Skulpturenschmuck.

Andlau: Kirche Sankt Peter und Paul: Krypta (1030-1100) und skulpturenreiches Portal mit Bilderfries aus dem 12. Jahrhundert.

Epfig: romanische Kapelle Sankt Margarete aus dem 11. Jahrhundert mit einer im Elsaß einmaligen Vorhallengalerie.

Sélestat: Kirche Sankt Fides aus dem 12. Jahrhundert mit basilikalem Grundriß und einer reichen Verzierung der Kapitelle und Säulenbasen mit phantasiereichen, rustikal ausgeführten Skulpturen.

Gueberschwihr: Kirche Sankt Pantaleon auf dem ehemals befestigten Friedhof mit einem 36 Meter hohen Turm über der Vierung des Querschiffs, dessen mehrgeschossige Gliederung der Zwillings- und Drillingsöffnungen bemerkenswert ist.

Lautenbach: Stiftskirche St. Michael und Gangolf mit Kreuzgrundriß und einem Mittelschiff aus den Jahren 1080-1100.

Murbach: Chor und Osttürme der berühmten Abtei aus dem 12. Jahrhundert und Querschiff der ehemaligen Abteikirche, heute Kirche Sankt Leodegar.

Guebwiller: Kirche Sankt Leodegar, eine Gründung der Abtei von Murbach; beendet in den Jahren 1230-1235 mit einer herrlichen Fassade und mehrgeschossigen Glockentürmen. Der »espace roman« befindet sich im Erdgeschoß des Rathauses.

Ottmarsheim: ehemalige Klosterkirche St. Peter und Paul, exemplarisch für die romanische Baukunst des 11. Jahrhunderts. Achteckiger Zentralbau in Nachahmung der Pfalzkapelle von Aachen.

Feldbach: cluniazensische Prioratskirche St. Jakobus, dreischiffige Basilika mit Blattkapitellen korinthischen Stils, wie sie in der Franche-Comté und in Burgund zu finden sind.

Elsässische Weinstraße (Route du Vin)

Sie ist wie ein 170 km langes Band, das sich nach und nach von Marlenheim im Norden bis Thann im Süden ausrollt. Gepflegte Weinberge, auf den bewaldeten Höhen romantische Burgruinen, von alten Wällen umgebene malerische Dörfer, mittelalterliche Städtchen mit romanischen Kirchen und Renaissance-Brunnen: Die Idylle stimmt. Und wenn man die Straße verläßt, kann man auf einem der 20 Weinpfade (Sentiers Viticoles) das lebendige Elsaß der Weinlese entdecken. Auf zahlreichen Informationstafeln gewährt jeder Weinpfad einen Einblick in die Arbeit des Winzers, die elsässische Kunst der Weinbereitung und erklärt die Unterschiede zwischen den verschiedenen Rebsorten.

Eine Auswahl der interessantesten Weinorte:

Thann: Südliches Tor der Weinstraße, am Fuß des »Grand Cru« Rangen gelegen. Im Hexenturm Ausstellung über das elsässische Weinanbaugebiet. Stiftskirche St. Thiébaut (13.-16. Jh.).

Eguisheim: Mittelalterliches Städtchen, das in drei konzentrischen Kreisen um seine Burg gebaut ist. Geburtsort des Papstes Leo IX. (1002). Im Sommer Runde eines Nachtwächters um 22 Uhr.

Colmar: Metropole des elsässischen Weins, Hauptstadt des Département Haut-Rhin. Wichtiges Fremdenverkehrszentrum und Kunststadt. Im Unterlinden-Museum der weltbekannte Isenheimer Altar von Mathias Grünewald. In der Altstadt eine bezaubernde Szenerie mittelalterlicher Fachwerkidylle.

Kaysersberg: Kostbarkeiten aus dem Mittelalter und der Renaissance. Alte freie Reichsstadt. Geburtshaus von Albert Schweitzer. Berühmter Weihnachtsmarkt.

Riquewihr: Berühmter malerischer Weinort. Sehr gut erhaltene mittelalterliche und Renaissance-Stadt. Befestigungen, Häuser und Höfe aus dem 13., 15. und 17. Jh., Diebesturm mit Folterkammer, ehemaliges Schloß der Herzöge von Württemberg. Weinpfad der »Grands Crus«.

Ribeauvillé: (els. Rappschwihr): Von drei Burgruinen überragt und von drei »Grands Crus« umgeben. Ein Hauptort der Pfeiferzunft im 18. Jh. Pfifferdaj-Fest am ersten Sonntag im September.

Dambach-la-Ville: Winzerstädtchen mit Überresten aus dem Mittelalter (Befestigungen, drei Tore), gotisches Rathaus mit Treppengiebeln. Weinpfad des »Grand Cru« Frankstein.

Obernai: Malerische Kleinstadt, Sechs-Eimer-Brunnen (Renaissance), Stadtmauer, Rathaus aus dem 16. Jh. Geburtsort der heiligen Odilia, Schutzpatronin des Elsaß (um 660). Ihr Grab befindet sich auf dem nahe gelegenen *Mont Sainte Odile/Odilienberg* (743 m), dem »Heiligen Berg« der Elsässer. Um das Massiv verläuft die sogenannte Heidenmauer, eine 10 km lange zyklopische Schutzmauer, vermutlich um 1000 v. Chr. errichtet.

Molsheim: Alte Universitäts- und Bischofsstadt. Mittelalterliche Ringmauer, Renaissance-Gebäude, Jesuitenkirche (17. Jh.), ehemaliges Kartäuserkloster (16.-18. Jh.). In Molsheim wurden die berühmten Bugatti-Autos hergestellt.

Marlenheim: Nordtor der Weinstraße. Weinberge der sogenannten »Couronne d'Or« (Goldkrone). Ausstellung der elsässischen Rebsorten (Versuchsweinberge). Im nahe gelegenen Kronthal, an der Nationalstraße 4: Klettergarten im ehemaligen Sandsteinbruch.

Die Elsässer Weine

Der *Riesling*: Einer der besten Weine der Welt. Feurig, rassig und von einer feinen Fruchtigkeit.

Der *Gewürztraminer*: Sehr geschätzt wegen seinen außergewöhnlich aromatischen Eigenschaften mit einer fruchtigen, blumigen oder gewürzigen Note und einem kräftigen, runden Körper.

Der *Sylvaner*: Durstlöschend, leicht, von einer feinen Fruchtigkeit.

Der *Pinot Blanc*: Er vereinigt Frische und Geschmeidigkeit und stellt die Mitte in der Palette der elsässischen Weine dar.

Der *Tokay Pinot Gris*: Kräftiger und abgerundeter Wein mit vielfältigen Aromen.

Der *Muscat d'Alsace*: Unnachahmlich fruchtig, zugleich trockener und gewürziger Charakter.

Der *Pinot Noir*: Einziger Rosé oder Rotwein des Elsaß, typisch fruchtiges Aroma, das an die Kirsche erinnert.

Die Elsässer »*Grands Crus*« stammen ausschließlich von 50 streng festgelegten Lagen mit besonderen Eigenschaften.

Die Bezeichnung kontrollierter Herkunft *AOC* (Appellation d'Origine Contrôlée) *Crémant d'Alsace* ist den Sektweinen vorbehalten, die nach der traditionellen Methode, wie in der Champagne, hergestellt werden.

Parc Naturel Régional des Vosges du Nord/Naturpark Nordvogesen: Seit 1989 von der UNESCO als Weltbiosphärenreservat anerkannt. Schließt an den Naturpark Pfälzerwald an. Das Abenteuer Nordvogesen: Dauerausstellungen im Schloß von La Petite-Pierre/Lützelstein (Autobahnausfahrt Saverne): Schloßgeschichte, Landbestand, Landschaftstürme, Diashow »Ein Tag im Leben des Naturparks«, Saal »Kräfte und Spannungen« (Texte auf deutsch). Maison du Parc, B. P. 24, F-67290 La Petite Pierre, Tel. +33 (0)3 88 70 46 55, Fax +33 (0)3 88 70 41 04.

Parc Naturel Régional des Ballons des Vosges/Regionalpark Vogesenbelchen: im südlichen Vogesenmassiv, mit der höchsten Erhebung der Vogesen: Grand Ballon, 1424 m. Wunderbarer Rundblick auf die Ebene, den Schwarzwald und bei Föhnwetter die Berner Alpen. Im Haus der Parkverwaltung 600 m^2 Ausstellungsfläche mit Schautafeln, Modellen, Dioramen und einer interaktiven Infosäule. Maison du Parc, 1, cour de l'Abbaye, F-68140 Munster. Tel.: +33 (0)3 89 77 90 20, Fax: +33 (0)3 89 77 90 30.

Route des Crêtes (Vogesenkammstraße): im ersten Weltkrieg zu militärischen Zwecken angelegt, sie ermöglicht eine leichte Überfahrt der Belchen. Die Gipfel werden seit dem 9. Jh. von Bergbauern und Sennen bewohnt, die den berühmten Münsterkäse herstellen. Im Zuge der touristischen Erschließung haben sich die Sennerhöfe (marcairies) in »fermes-auberges« (Bergbauerngasthöfe) verwandelt. An der Route des Crêtes gelegen: der im ersten Weltkrieg hart umkämpfte Hartmannswillerkopf, auch »Vieil Armand« genannt.

Neuf-Brisach (Neu-Breisach): Von Vauban im 17. Jh. errichtete Befestigungsanlage. Die *Radbühne* (*roue scéni-*

que) ist ein einzigartiges 8 m hohes Gebilde, das in drei Teilen im Pentagon einer Kasematte untergebracht worden ist. Es handelt sich um ein mechanisches Klangspiel mit Texten und theatralen Bewegungen, die »die Atmosphäre einer Raumsymphonie« schaffen. Der *Sternenweg* (*Chemin des étoiles*) ist eine mobile szenische Vorrichtung, die aus eindrucksvollen Klanginstrumenten und einer Tonfigur in der Mitte besteht. Diese Zusammenstellung aus verschiedenen Klängen, theatralischer Gestik und verschiedenen Mechanismen wird bei einer Vorstellung zu einer einzigen großen, sich bewegenden Skulptur. Eintritt frei. Office de Tourisme, 7, place de la Porte de Belfort, F-68600 Neuf-Brisach. Tel.: +33 (0)3 89 72 56 66, Fax: +33 (0)3 89 72 91 73.

Radwandern: Das Elsaß ist ein kleines Radfahrerparadies mit über 1200 km ausgewiesenen Radwanderwegen. Dieses Radwegenetz, das dichteste in Frankreich, macht auch die Entdeckung geschützter Gebiete möglich. Für Tips und Führer wende man sich, für das Unterelsaß, an: Comité départemental de Cyclotourisme du Bas-Rhin, Maison des Sports, 15, rue de Genève, F-67000 Strasbourg. Tel.: +33 (0)3 88 21 10 58, Fax: +33 (0)3 88 24 14 03; für das Oberelsaß an: Ligue d'Alsace de Cyclotourisme, Maison des Jeunes, 17, rue Schlumberger, F-68000 Colmar. Tel. +33 (0)3 89 41 26 87, Fax: +33 (0)3 89 23 20 16.

(Sämtliche Angaben zu »Romanische Straße«, »Weinstraße« und »Tips«: *Comité Régional du Tourisme d'Alsace* – 6, avenue de la Marseillaise, F-67005 Strasbourg Cedex. Tel.: +33 (0)3 88 25 01 66; Fax: +33 (0)3 88 52 17 06; http://www.alsace-tourisme.com; E-Mail: crt@tourisme-alsace.com

Ein ausgezeichneter, immer auf den letzten Stand gebrachter Führer durch das Elsaß mit ausführlichen kulturellen, gastronomischen und sonstigen für Touristen interessanten Hinweisen ist der *Grüne Michelin Führer* in deutscher Ausgabe, der das Gebiet Elsaß, Lothringen und Champagne umfaßt, bei: »Michelin Werke«, Karlsruhe. Zu empfehlen ist auch *Merian live! Elsaß*, ISBN 3-7742-0590-6.)

Autoren- und Quellenverzeichnis

Maxime Alexandre (1899-1976)

*1914**, S. 29; *Zweisprachigkeit**, S. 65; aus: Memoiren eines Surrealisten. Aus dem Französischen von Kay Borowsky. © Heliopolis Verlag, Tübingen 1987.

Jean/Hans Arp (1886-1966)

*Ich bin in Straßburg geboren**, S. 27; aus: Gesammelte Gedichte. Band 1. © 1963 Limes Verlag in der F. A. Herbig Verlagsbuchhandlung GmbH, München; *Ich lebte mit fünfzehn oder sechzehn Jahren in den Vogesen*, S. 67; aus: Wortträume und schwarze Sterne. © 1953 Limes Verlag in der F. A. Herbig Verlagsbuchhandlung GmbH, München.

Charles Auguste Candidus (1817-1872)

Röslein rot und Rittersporn, S. 129; *Hasenbrod*, S. 130; aus: Deutsche Dichtung im Elsaß von 1815-1870. Verlag Karl Trübner, Straßburg 1916.

Jean Egen (1920-1997)

*Der Deutsche ist ein Wilder ...**, S. 40; *Die elsässische Seele**, S. 68; *Der Leichen-Imbs**, S. 160; aus: Die Linden von Lautenbach. © Morstadt Verlag, Kehl 1983.

Erckmann-Chatrian (1822-1899 und 1826-1890)

*Das Mittagessen**, S. 149; aus: L'ami Fritz. Jean-Jacques Pauvert éditeur, Paris 1962. Aus dem Französischen von Emma Guntz.

Ermoldus Nigellus (um 843)

Es reift die Traube, S. 145; Preisgedicht auf das Elsaß. Übertragen von R. Buchert. In: Jean Dentinger, 2000 Jahre Kultur am Oberrhein. Erschienen im Eigenverlag Dentinger, F-67450 Mundolsheim.

Adrien Finck (geb. 1933)

Letzte elsässische Deutschstunde, S. 72; aus: In dieser Sprache. © Georg Olms Verlag, Hildesheim 1981.

Johann Fischart (1545-1590)

*Der Muskateller**, S. 148; Trinklied aus der »Geschichtsklitterung«. In: Elsaßland/Lothringer Heimat, Nr 17/1937.

Otto Flake (1880-1963)

Etwas über mich, S. 36; *Im ersten Monat: August 1914*, S. 90; *Abschied vom Elsaß: 1918*, S. 97; aus: Ein Leben am Oberrhein. © S. Fischer Verlag GmbH, Frankfurt am Main 1986.

Anne Franck-Neumann (geb. 1910)

Dorf im Nordwind, S. 106; Auszug aus: Dorf im Nordwind. Erschienen im Eigenverlag, Straßburg 1994. Abdruck mit freundlicher Genehmigung der Autorin.

Geiler von Kaysersberg (1445-1510)

*Vom Schwein**, S. 145; aus: Alte Weisheit ... neu? Evangelischer Verlag Jakob Comtesse, Heidelberg 1939.

Johann Wolfgang Goethe (1749-1832)

*Friederike**, S. 128; aus: Dichtung und Wahrheit. Insel Verlag Frankfurt am Main 1975 (insel taschenbuch 150).

Yvan Goll (1891-1950)

In jeder Amsel hab ich dich geliebt, S. 134; *O seh ich Geliebte dich noch*, S. 135; *Schnee-Musik*, S. 186; aus: Die Lyrik in vier Bänden. Band II: Liebesgedichte 1917-1950. Herausgegeben und kommentiert von Barbara Glauert-Hese im Auftrag der Fondation Yvan et Claire Goll, Saint-Dié-des-Vosges. © 1996 Argon Verlag GmbH, Berlin. Alle Rechte bei und vorbehalten durch Wallstein Verlag, Göttingen.

Gotfrit von Straßburg (um 1210)

*Tristan und Isold: Lamer/L'amour**, S. 121; aus: Tristan und Isold. Herausgegeben von K. Marold. Übertragen von Paul Schertzer. Teutonia. 6. Band. Leipzig 1906.

Martin Graff (geb. 1944)

Der Tango des Bischofs, S. 199; aus: Weihnachtsgeschichten für alle Fälle. © Gollenstein Verlag, Blieskastel 1996.

Emma Guntz (geb. 1937)

Wie man Elsässerin wird, S. 44; aus: Elsaß. Verlag Grube und Richter, Hamburg 1986; *Hasen sterben lautlos*, S. 109; aus: Hasen sterben lautlos/couleur fraise, couleur framboise. © Gollenstein Verlag, Blieskastel 2000. In Co-Edition mit Le Verger Éditeur, Illkirch-Graffenstaden; *Weihnachten I – Weihnachten II*, S. 192; aus: Stationen. bf éditions, Strasbourg 1998;

Verkündigung, S. 193; aus: Warten auf die Aale. edition die horen 1991. Abdruck mit freundlicher Genehmigung der Autorin.

Armgard von Harling-Haddouf (geb. 1940 in Ludwigslust/Mecklenburg, lebt seit 1962 in Straßburg)

Eine Wanderung in den Südvogesen, S. 230; Originalbeitrag. Abdruck mit freundlicher Genehmigung der Autorin.

Ludwig Harig (geb. 1927)

Winnetou im Wasgau, S. 209; aus: Elsaß. Verlag Grube und Richter, Hamburg 1986. Abdruck mit freundlicher Genehmigung des Autors.

Marie Hart (1856-1925)

Wihnachte im 19. Johrhundert in Bouxwiller, S. 177; aus: Gschichtle un Erinnerungen üs de sechziger Johr. Verlagsanstalt Greiner & Pfeiffer, Stuttgart 1913.

Elly Heuss-Knapp (1881-1952)

Im Schatten des Münsterzipfels, S. 32; *Der »Chrischtkindelsmarkt«*, S. 181; aus: Ausblick vom Münsterturm. © Rainer Wunderlich Verlag, Tübingen 1952.

Barbara Honigmann (geb. 1949)

Hinter der Grande Schul, S. 56; aus: Damals, dann und danach. © Carl Hanser Verlag, München–Wien 1999.

Nathan Katz (1892-1981)

's Schneele in dr Märzenacht, S. 136; aus: Sundgäu – O loos da Rüef dur d'Garte. Alsatia, Colmar 1958. Ins Hochdeutsche übertragen von Emma Guntz.

Alfred Kern (geb. 1919)

*Bitterer Sieg**, S. 113; aus: Das zerbrechliche Glück. Raidelt Verlag, Hamburg 1964.

Friedrich Lienhard (1865-1929)

Die Preußen kommen!, S. 89; aus: Jugendjahre. Verlag Greiner & Pfeiffer, Stuttgart 1918.

Hans Michael Moscherosch (1601-1669)

Nicht lieben ist nicht leben, S. 126; aus: Philanders von Sittenwald wunderliche und wahrhaftige Gesichte. Drittes Gesicht: Venusnarren. Reclam Verlag, Leipzig 1883.

Sebastian Münster (1489-1552)
Auf dem Berg kocht sich der gut Wein, S. 147; aus: Cosmographia universalis, 1650.

Louis Oberlechner (1899-1975)
Die Weinkostprobe, S. 152; aus: Geschichten vom Jeromle. Alsatia, Colmar 1976.

Suzanne Oswald
Als mein Großvater, Pastor Louis Schweitzer, französische und deutsche Soldaten begrub, S. 93; aus: Mein Onkel Bery. Erinnerungen an Albert Schweitzer. Verlag Rolf Kugler, Oberwil 1980. Abdruck mit freundlicher Genehmigung der Erben.

Otfrit von Weißenburg (9. Jh.)
*Die Verkündigung – Die Geburt**, S. 173; aus: Liber evangeliorum theodisce conscriptus. Staatsbibliothek Wien. Ins Hochdeutsche übertragen von J. Kelle.

Gottlieb Conrad Pfeffel (1736-1809)
Die zweite Hochzeit, S. 126; aus: Poetische Versuche. Wilhelm Haas, der Sohn, Basel 1789; *Der Trunkene*, S. 148; aus: Skorpion und Hirtenknabe. Gedichte und Prosa. Verlag M. Dietrich, Memmingen.

Matthias Ringmann Philesius (gest. 1511)
*Elsässer Wein**, S. 146; aus: Heil dir, Wasgau. Zitiert nach: Zum Lobe des Elsaß. Harenberg Verlag, Dortmund 1988.

Konrad Püller von Hohenburg (geb. um 1250)
*Ihr roter Mund**, S. 124; aus: Codex Manesse. Große Heidelberger Liederhandschrift. Ins Neuhochdeutsche übertragen von Jean Dentinger. Zitiert nach: Jean Dentinger, 2000 Jahre Kultur am Oberrhein. Erschienen im Eigenverlag Dentinger, F-67450 Mundolsheim.

Sylvie Reff (geb. 1946)
Läwessproch/Lebenssprache, S. 73; aus: Elsassisch reda. Petite Anthologie de la Poésie Alsacienne VIII. Assoc. J. B. Weckerlin, Strasbourg 1976. Abdruck mit freundlicher Genehmigung der Autorin. Ins Hochdeutsche übertragen von Emma Guntz.

Reinmar von Hagenau (um 1160-um 1210)
*Ich sah**, S. 123; aus: Codex Manesse. Große Heidelberger Lie-

derhandschrift. Übertragen von Paul Schertzer. Teutonia. 6. Band. Leipzig 1906.

Jean-Paul Sartre (1905-1980)

*Die elsässischen Verwandten**, S. 23; aus: Die Wörter. Aus dem Französischen von Hans Mayer. Copyright © 1965 by Rowohlt Verlag GmbH, Reinbek.

Louis-Edouard Schaeffer (1902-1988)

Der Zwetschgenkuchen, S. 168; aus: Man kann doch nicht immer ein Engel sein. Morstadt Verlag, Kehl 1981.

René Schickele (1883-1940)

Die roten Hosen, S. 88; *Dies hier ist ein Durchgangsfriedhof**, S. 100; *Schneeglöckchen*, S. 131; aus: Werke in drei Bänden. © 1959 by Verlag Kiepenheuer & Witsch Köln.

Albert Schweitzer (1875-1965)

Aus meiner Kindheit und Jugendzeit, S. 24; *Aus meinem Leben und Denken*, S. 65; aus: Aus meiner Kindheit und Jugendzeit. Beck'sche Reihe Nr. 439. Verlag C.H. Beck oHG, München.

Henri Solveen (1891-1956)

Christi Geburt in einem elsässischen Dorf, S. 179; aus: Dernières Nouvelles d'Alsace, 25. 12. 1948. Abdruck mit freundlicher Genehmigung von Marthe Solveen.

Daniel Ehrenfried Stoeber (1779-1835)

Der erste Schnee, S. 175; aus: Sämtliche Gedichte und kleine prosaische Schriften. Alsatisches Taschenbuch, 1806.

Emile Storck (1899-1973)

Dezamber – Wihnachte, S. 184; aus: Melodie uf de Panfleet. Editions Alsatia, Colmar 1957. Ins Hochdeutsche übertragen von Emma Guntz.

Johannes Tauler (um 1300-1361)

*Uns komt ein Schif gevaren**, S. 175; aus: Das Vermächtnis. Gedichte von Walther von der Vogelweide bis Nietzsche. Herausgegeben von René Schickele. Karl Alber Verlag, Freiburg 1948.

Adrienne Thomas

Die Katrin wird Soldat, S. 95; aus: Die Katrin wird Soldat. Ein Roman aus Elsaß-Lothringen. Propyläen Verlag, Berlin 1930.

Unbekannter Dichter (14. Jh.)

*Die Frau gemacht aus Paradies**, S. 125; aus: Kolmarer Liederhandschrift, 14. Jh.

Tomi Ungerer (geb. 1931)

*Meine Wurzeln liegen im Elsaß**, S. 60; *La drôle de guerre**, S. 102; aus: Die Gedanken sind frei. Meine Kindheit im Elsaß. Copyright © 1993 Diogenes Verlag AG Zürich.

Claude Vigée (geb. 1921)

*E lapin isch e Haas**, S. 69; *Die Konfitüre**, S. 156; *Das Hochzeitsmahl des Marcel Lévy**, S. 166; aus: Bischweiler oder der große Lebold. © Verlag Das Arsenal, Berlin 1998; *Ich bin ein Elsässer Jude*, S. 74; Rede zur Verleihung des Johann-Peter-Hebel-Preises 1984. © by Claude Vigée, Jerusalem und Paris.

Volkslieder

O Straßburg, du wunderschöne Stadt, S. 85; aus: Joseph Lefftz, Das Volkslied im Elsaß. II. Alsatia, Colmar 1967; *Zu Straßburg auf der Schanz*, S. 86; aus: Balladenbuch. Kunstroff Verlag, Georg D. W. Callaway o. J.; *Es trug das schwarzbraun Mägdelein*, S. 149; aus: Jean-Baptiste Weckerlin, Chansons populaires de l'Alsace. Paris.

André Weckmann (geb. 1924 in Steinbourg)

Vom elsässischen Umgang mit drei Sprachen, S. 76; *Laei mi en e wàrmi sproch / mich in eine warme Sprache kuscheln*, S. 81; *vum liëbhàn / vom Lieben*, S. 140; *Streifzüge durch die Zaberner Vogesen mit Herrn Brotsch*, S. 219; Originalbeiträge. Abdruck mit freundlicher Genehmigung des Autors; *Helme*, S. 87; *Die Panzer*, S. 112; aus: Steinburger Balladen. © Edition Isele, Eggingen 1997; *Amerseidel*, S. 115; aus: Schang d sunn schint schun lang. Association J. B. Weckerlin 1975. © A. Weckmann; *Das Kaisermanöver*, S. 154; *Marikknepfle*, S. 158; *Die Dromedare*, S. 187; aus: Geschichten aus Soranien. Edition Culture Alsacienne, Strasbourg 1973. © A. Weckmann; *Magnificat*, S. 197; *Fer wann'r kummt*, S. 202; aus: Adventszit. SALDE, Strasbourg 1994. © A. Weckmann. Ins Hochdeutsche übertragen von Emma Guntz; *Der Grenzstein*, S. 204; aus: Die Kultur des Zusammenlebens. © Edition Isele, Eggingen 1992.

Jörg Wickram (um 1500-um 1560)
*Gottes Tränen**, S. 146; aus: Rollwagenbüchlein, 1557. In: Schöne Schwänke für Jund und Alt. Herausgegeben von W. Richter. Ullstein Verlag, Frankfurt a. M./Berlin.

Conrad Winter (geb. 1931)
Das einfache Leben, S. 139; aus: In dieser Sprache. Georg Olms Verlag, Hildesheim 1981.

Georges Zink (geb. 1909)
Spotjohr, S. 138; aus: Haiet, Arnt un Ahmtet. Verlag Moritz Schauenburg GmbH, Lahr 1992. Abdruck mit freundlicher Genehmigung des Autors. Ins Hochdeutsche übertragen von Emma Guntz.

Die mit einem * versehenen Titel stammen von den Herausgebern.

Literarische Reisebegleiter
im insel taschenbuch
Eine Auswahl

Athen. Literarische Spaziergänge. Herausgegeben von Paul Ludwig Völzing. it 2505. 314 Seiten

Berlin. Literarischer Führer von Fred Oberhauser und Nicole Henneberg. Mit Abbildungen. it 2177. 517 Seiten

Budapest. Ein literarisches Porträt. Herausgegeben von Wilhelm Droste, Susanne Scherrer und Kristin Schwamm. Mit Fotografien. it 1801. 283 Seiten

Dublin. Ein literarisches Porträt. Herausgegeben von Elsemarie Maletzke. Mit Abbildungen. it 1870. 385 Seiten

Granada. Ein literarisches Porträt. Herausgegeben von Nina Koidl. Mit Fotografien. it 2635. 200 Seiten

Lissabon. Ein Städte-Lesebuch. Herausgegeben von Ellen Heinemann. it 2106. 390 Seiten

London. Literarische Spaziergänge. Herausgegeben von Harald Raykowski. it 2554. 272 Seiten

Madrid. Ein literarisches Porträt. Herausgegeben von Elke Wehr. Mit Abbildungen. it 1981. 272 Seiten

Venedig. Der literarische Führer. Herausgegeben von Doris und Arnold E. Maurer. Mit Fotografien. it 1413. 188 Seiten

NF 31/1/5.00

Das Engadin. »Glühend in allen Farben«. Porträt einer Landschaft. Herausgegeben von Susanne Gretter. Mit Fotografien. it 2199. 280 Seiten

Dietmar Grieser. Große historische Straßen. Von der Via Appia bis zur Avus. Eine kunsthistorische Spurensuche. Mit Fotografien. it 1974. 130 Seiten

Dietmar Grieser. Im Rosengarten. Eine literarische Spurensuche in Südtirol. Mit Abbildungen.
it 2509. 245 Seiten

Dietmar Grieser. Nachsommertraum im Salzkammergut. Eine literarische Spurensuche. Mit Abbildungen.
it 1848. 262 Seiten

Victor Hehn. Olive, Wein und Feige. Kulturhistorische Skizzen. Mit Abbildungen. Herausgegeben von Klaus von See und Gabriele Seidel-Leimbach. it 1427. 152 Seiten

Mit Rilke durch die Provence. Herausgegeben von Irina Frowen. Mit Fotografien von Constantin Beyer.
it 2148. 126 Seiten

Toskana. Ein literarisches Landschaftsbild. Herausgegeben von Andreas Beyer. Mit Fotografien von Loretto Buti.
it 926. 265 Seiten

Mit Fontane durch England und Schottland. Herausgegeben von Otto Drude. Mit Fotografien von Christel Wollmann-Fiedler. it 2222. 194 Seiten

Mit Fontane durch Frankreich und Flandern. Herausgegeben von Otto Drude. Mit Fotografien von Christel Wollmann-Fiedler. it 2647. 144 Seiten

NF 31/2/5.00

Georg Forster. Reise um die Welt. Herausgegeben und mit einem Nachwort von Gerhard Steiner. it 757. 1039 Seiten

Hermann Hesse. Tessin. Betrachtungen, Gedichte und Aquarelle des Autors. Herausgegeben und Nachwort von Volker Michels. it 1494. 314 Seiten

Mit Hermann Hesse durch Italien. Ein Reisebegleiter durch Oberitalien. Herausgegeben von Volker Michels. it 1120. 215 Seiten

Mit Hermann Hesse reisen. Betrachtungen und Gedichte Herausgegeben von Volker Michels. it 1242. 432 Seiten

Erhart Kästner. Griechische Inseln. Aufzeichnungen aus dem Jahre 1944. Nachwort von Heinrich Gremmels. it 118. 166 Seiten

Erhart Kästner. Kreta. Aufzeichnungen aus dem Jahre 1943. Nachwort von Heinrich Gremmels. it 117. 264 Seiten

Erhart Kästner. Ölberge, Weinberge. Ein Griechenland-Buch. Mit Zeichnungen von Helmut Kaulbach. it 55. 262 Seiten

Erhart Kästner. Die Stundentrommel vom heiligen Berg Athos. it 56. 325 Seiten

Wolfgang Koeppen. Die Erben von Salamis oder Die ernsten Griechen. Mit Fotografien. it 2401. 80 Seiten

Kalifornien. Ein Reiselesebuch. Herausgegeben von Herbert Genzmer. Mit Fotografien. it 2636. 220 Seiten

NF 31/3/5.00